新媒体运营
New Media Operation

李东临 著

天津出版传媒集团
天津科学技术出版社

图书在版编目（CIP）数据

新媒体运营 / 李东临著. -- 天津 : 天津科学技术出版社，2018.7（2023.2重印）

ISBN 978-7-5576-4461-1

Ⅰ. ①新… Ⅱ. ①李… Ⅲ. ①传播媒介－运营管理 Ⅳ. ①G206.2

中国版本图书馆CIP数据核字(2018)第034039号

新媒体运营
XINMEITI YUNYING
责任编辑：布亚楠

出　　版：	天津出版传媒集团
	天津科学技术出版社
地　　址：	天津市西康路35号
邮　　编：	300051
电　　话：	（022）23332695
网　　址：	www.tjkjcbs.com.cn
发　　行：	新华书店经销
印　　刷：	衡水翔利印刷有限公司

开本 710×1000　1/16　印张15　字数210 000
2023年2月第1版第7次印刷
定价：52.00元

十年前,你肯定没想到,自己将来会这样生活:

朝阳的光芒还没照进你的房间,智能手机的闹钟已经发出了阵阵铃声。你睁开眼打开手机看时间,顺便刷新了一下朋友圈,然后给美团外卖下单买早点,用微信支付转账。在上班途中,你用手机看几篇网文,玩一会儿游戏。在工作闲暇时,你又开始看朋友圈有什么最新消息与共享资料。中午休息时,你一边在微信朋友圈里聊天,一边浏览京东、淘宝等网上商城,并将几款心仪的新产品装进购物车里。一天的工作终于结束了,你在朋友圈里发一段励志的话,表示自己准备下班。晚上看电视剧时,你还不忘时不时发微博、微信来点评剧情。睡觉前,你在群里抢了几个红包,又在朋友圈发一句勉励自己继续努力生活的话,才恋恋不舍地合眼入眠。

一位新媒体用户的一天就这样结束了。除了睡眠之外,你几乎没离开过新媒体。在这个时代,上述场景就是无数普通人的生活写照。无论你是否承认,新媒体已经像影子一样跟我们紧密相连。你在工作、学习、社交、生活中都能看到它的影子。

《广电媒体微信对中老年人的影响及媒体作为》一文指出:"到2016年第四季度,智能手机微信用户又爆发增长至城乡文化层次并不算高的中老年人群。80岁以上的离退休干部和原事业单位人员也玩起了手机微信。只有初中文化50~60岁的保姆和钟点工,以往只是晚间参加广场舞锻炼,现在晚间,也在同学群、原单位职工同事群、亲友群中抢红包、发红包。早上起床后，中老年人就忙着看微信、转发微信，不时同圈里人用语音对话交流，玩得不亦乐乎。"

别说喜欢新奇事物的年轻人了，连广大中老年人的生活习惯都已经被新媒体彻底改变了。

不过，我们完全不必为此感到悲哀。新媒体固然改变了我们的日常习惯，却也让生活变得更加便捷。更重要的是，新媒体作为一个新兴产业，正在释放巨大的能量。很多人意外地从中获得了新机遇，开拓了自我价值，让事业登上了新的台阶。

新媒体蕴含着可观的商业价值。各种社交网络平台上的注册用户已经过亿，但真正能运营好新媒体的只是极少数人。假如把个人注册的新媒体账号当成自娱自乐的后花园，那就不需要讲究任何运营技巧；若想借助新媒体来扩大自身影响力并扩宽财源，就应当认真学习新媒体运营之道。

本书将从12个方面来展示新媒体的运营方法。想要玩转新媒体，首先得充分了解它。新媒体行业的整体状况及未来发展趋势如何？新媒体运营者需要具备哪些基本能力？可以用哪些工具来制作内容？希望得到哪些人群的青睐？什么样的内容更容易吸引他们的关注？这些都是新媒体运营者应该了解的东西。从一无所知到熟能生巧，需要一座桥梁。本书扮演的正是桥梁的角色，让你对各种新媒体的运营方式和潜在价值有比较全面的了解。

新媒体的发展一年一变，曾经的成功案例随时可能被新的成功案例颠覆掉。大家都在寻找新的突破口，以成为下一个领跑者。但是，求变出新未必总能如愿以偿。想运营好新媒体，千万不能心浮气躁，总想着投机取巧赚快钱。与其急于求成地照搬或开创一个新媒体营销案例，不如先练好基本功，再根据市场形势的发展而变化；否则，会落得个"画虎不成反类犬"的结局。这是所有新媒体运营者都应该注意的。

基础篇

第一章　移动互联网浪潮中的新媒体

1. 新媒体"新"在哪里　　004
2. 生活中常见的新媒体类型　　007
3. 新媒体行业的总体发展现状　　010
4. 新媒体、自媒体、微媒体的辨析　　012
5. 延伸阅读：传遍全球的ALS冰桶挑战　　015

第二章　新媒体运营者的基本素养

1. "网感"十足，能抓准今日热点　　018
2. 扎实的内容制作能力　　023
3. 吃透目标用户群体的小心思　　026
4. 用大数据分析代替经验判断　　030
5. 善于捕捉创意的策划能力　　034
6. 延伸阅读："先定一个小目标"意外成为网络金句　　037

第三章 令你事半功倍的编辑工具

1. 想不出选题，就从这里搜索热点　　　　　　　　　040
2. 方便实用的内容编辑器和图文设计工具　　　　　　044
3. 视频、音频编辑工具　　　　　　　　　　　　　　047
4. H5海报制作工具　　　　　　　　　　　　　　　 050
5. 延伸阅读：写作机器人真会代替编辑写稿吗　　　　053

第四章 始终跟随热点起舞的微博

1. 微博的价值不仅仅是涨粉丝　　　　　　　　　　　058
2. 运营微博，离不开内外双系统　　　　　　　　　　061
3. 微博运营的5个常见误区　　　　　　　　　　　　 064
4. 延伸阅读："八十万官博总教头"——海尔官方微博　070

第五章 把线上线下连成闭环的微信

1. 微信公众号家族：订阅号+服务号　　　　　　　　074
2. 运营微信的6个意义　　　　　　　　　　　　　　077
3. 微信运营的8个常见误区　　　　　　　　　　　　080
4. 延伸阅读：刷爆朋友圈的YSL星辰口红　　　　　　088

第六章 方兴未艾的其他新媒体

1. APP：将推广内容植入新媒体移动端　　　　　　　092
2. 新闻客户端：赢得比纸媒更多的阅读量　　　　　　095
3. 微电影：有品质才能让用户记住你　　　　　　　　098
4. 短视频：小创意引爆大流量　　　　　　　　　　　101
5. 直播平台：新媒体盈利的新增长点　　　　　　　　104
6. 延伸阅读：papi酱的短视频风暴　　　　　　　　　107

进阶篇

第七章　如何变现新媒体的经济价值

1. 盈利模式一：承接KOL广告订单　　112
2. 盈利模式二：免费增值与付费服务　　115
3. 盈利模式三：粉丝影响力变现　　117
4. 盈利模式四：打造品牌内容　　121
5. 盈利模式五：共享新媒体平台　　124
6. 延伸阅读："小杜杜"的走心营销　　126

第八章　市场定位的核心是构建用户画像

1. 明确自己面向的是什么人群　　130
2. 采集用户数据的3个维度　　133
3. 描述用户的显性画像　　136
4. 刻画用户的隐性画像　　139
5. 分析关键词，构建用户画像　　142
6. 延伸阅读："辣鸡汤教主"咪蒙的"粉"与"黑"　　145

第九章　整合八方资源从搭建平台开始

1. 设定新媒体运营目标　　148
2. 垂直类新媒体平台　　151
3. 电商类新媒体平台　　154
4. 多平台运营增强活跃度　　157
5. 做出内容规划和编辑日程表　　161
6. 延伸阅读：2017年新媒体平台的185个营销节点　　164

第十章 以内容营销树立个性品牌

1. 讲一个接地气的故事　　172
2. 好文案为产品加分　　175
3. 创意，提升内容的含金量　　178
4. 内容运营的常见误区　　181
5. 延伸阅读：腾讯Next Idea x 故宫H5邀请函　　185

第十一章 像经营部落一样维护粉丝

1. 了解二次元群体的文化特征　　190
2. 分享内容，引发粉丝互动　　193
3. 组织趣味活动，培养用户习惯　　196
4. 我们都是垂直社群的一员　　199
5. 不断改善粉丝的用户体验　　203
6. 延伸阅读：哔哩哔哩网站冠名上海男篮　　206

第十二章 未来新媒体的演变趋势

1. 趋势一：做小而美的可视化内容　　212
2. 趋势二：垂直化运营，线上连通线下　　215
3. 趋势三：营造直击人心的共鸣体验　　218
4. 趋势四：构建"想象的共同体"　　221
5. 延伸阅读：薛之谦为腾讯动漫APP做的代言H5广告　　224

后记　　227

基础篇

New Media Operation

第一章
移动互联网浪潮中的新媒体

> 移动互联网浪潮席卷了整个社会，颠覆了传统的产业格局，并深深地影响了人们的日常生活。新媒体堪称互联网浪潮中的弄潮儿，不断催生新的经济增长点，让大家目睹一个个过去未曾见过的奇异风景。而我们已经成为新媒体时代的见证者。

1. 新媒体"新"在哪里

> **本节要点：**
> ◇新媒体的定义。
> ◇新媒体和传统媒体的区别。

新媒体全面影响我们的生活是在近几年，但新媒体的概念早在1967年就出现了。时任美国哥伦比亚广播电视网技术研究所所长的戈尔德马克先生首先提出了与传统媒体相对的"新媒体"概念。就实而论，新媒体的概念自从20世纪60年代被提出以来，一直在不断地发展变化。

美国《连线》杂志认为，新媒体是"所有人对所有人的传播"。

联合国教科文组织则把新媒体定义为"以数字技术为基础，以网络为载体进行信息传播的媒介"。

我国清华大学的熊澄宇教授认为，新媒体的内涵和外延在不断延伸，在传统互联网和移动互联网之外还出现了其他新的媒体形态，凡是跟计算机相关的都可以被视为新媒体。

新媒体有狭义和广义之分。

狭义的新媒体是指与报纸、广播、电视等传统媒体不同的一种新的媒体形态，包括互联网媒体、移动互联网媒体、数字电视、博客、微博、微信等形态。

广义的新媒体是指在各种数字技术与互联网技术的支持下，通过电脑、手机、数字电视等一切互联网终端向用户提供信息或服务的新的媒体形态。

新媒体的本质是一种媒体，但其关键在于一个"新"字。与传统媒体相比，新媒体的"新"主要体现在以下方面。

◎实现了信息的双向传播

传统媒体是信息传播者单方面发出信息，受众只能被动接受而无法有效回馈。新媒体的互动性很强，传播者与受众不再壁垒分明，每个人既是传播者又是受众。

◎信息传播不再局限于固定场所

移动互联网的出现让新媒体的传播变得更加无孔不入。只要有智能手机，人们就可以在互联网上冲浪。因此，人们的上网时间比过去大大增加，信息覆盖水平也远超以往。

◎传播行为个性化

传统媒体具有很强的专业性和垄断性。但在新媒体时代，人人都可以制作和传播新闻快讯。特别是微博、微信等新媒体平台，让每个人都能变成一个内容制作中心和信息传播中心。

◎实现了即时传播

传统媒体要派出记者采访，然后由记者写报道，部门审核报道，最后再发出来。除了一句话的新闻快讯外，传统媒体发布的信息总有一定的滞后性。新媒体则不同，可以随拍随传。

◎传播内容多元化且充满原创性

传统媒体基本不报道没有新闻价值的内容。而新媒体的内容多种多样，且拥有大量原创内容，这使得新媒体成为人们展示自我的有力平台。

随堂练习

请写下你最常看的5种报刊，然后找出它们的官方微博ID与微信订阅号ID。

报刊名称	官方微博ID	微信订阅号ID

经验之谈

从互联网诞生以来，新媒体的内涵和外延一直随着形势不断变化。随着移动互联网技术的革新，我们今后将见到更多更新的新媒体形态。新媒体产生的最大意义就是让"媒体"不再是专有名词，让每个人都能扮演媒体的角色，使信息传播渠道变得异常广阔。

2. 生活中常见的新媒体类型

> **本节要点：**
> ◇新媒体有哪些常见的类型？
> ◇哪些新媒体平台在移动互联网经济中占据着主导地位？

我们先来做一个小测试。在下面的表格里，哪些属于新媒体呢？请在空白处填上"是"或"否"。

类型	是否新媒体	类型	是否新媒体
腾讯网站		个人博客	
网易邮箱		个人微博	
专业论坛		个人微信	
车载电视		微信公众号	
环球时报新闻客户端		广播电台	
楼宇广告		地铁广告屏	
IPTV（交互网络电视）		科技博客	
数字电视		移动客户端"今日头条"	

假如你经常上网，就会注意到，上述选项中只有4个属于传统媒体，它们分别是车载电视、广播电台、楼宇广告、地铁广告屏，其余的都属于新媒体。迄今为止，新媒体行业还没有给出一个足够明确的新媒体分类标准。人们习惯上会把很多可以做互联网营销的工具都视为一种新媒体传播平台。此外，许多传统媒体都纷纷开通了自己的官方微博或微信公众号，这些也属于新媒体。

由中国社会科学院新闻与传播研究所编纂的《中国新媒体发展报告（2016）》指出，截至2015年8月，已经通过认证的媒体类微博有26259个，其中传统媒体的微博有17323个；传统媒体微博有21%是报纸类微博，有42%是电视类微博，有17%为电台类微博，有19%是杂志类微博，通讯社类的微博则不到1%。至于2016年和2017年的数据，相关蓝皮书尚未制作完成。

尽管新媒体的种类不少，但是真正起主导作用的是"两微一端"新媒体传播平台。"两微"指的是微博和微信，"一端"指的是客户端。这些新媒体平台不仅利于发布用户个人创意，而且是传播影响力最突出的宣传平台。其他新媒体平台的传播作用比"两微一端"逊色很多。

目前来看，国内各大传统媒体与各级地方政府都在积极融入移动互联网浪潮，向新媒体领域积极渗透，打造属于自己的"两微一端"信息传播体系。因为三者都是新媒体时代用户获取新闻信息的主要渠道，所以在营销方面存在天然的优势。这是所有新媒体运营者都需要注意的地方。

随堂练习

请写下你平时最关注的10个微博ID，并简单说明关注它们的理由。

微博ID	关注理由

<u>经验之谈</u>

　　不同的互联网用户往往偏爱不同的新媒体，这与其生活工作需要有关。每一种新媒体都有自己的优缺点，无法彻底取代其他类型的新媒体。其实，新媒体就是一种帮我们丰富生活的工具。它让互联网变得更加平民化，为人们提供了更多表达自我心声的舞台。

3. 新媒体行业的总体发展现状

> **本节要点：**
> ◇ 我国新媒体产业的基本情况。
> ◇ 新媒体产业的主要发展方向。

《中国新媒体发展报告（2016年）》蓝皮书指出，我国新媒体产业从2015年开始就取得了长足的进步，其中互联网广告、网络游戏、电影、大数据、VR（虚拟现实技术）的发展尤为迅速。以BAT（百度、阿里巴巴、腾讯三大集团的汉语拼音首字母缩写）等互联网巨头构成的新媒体生态系统正在逐步完善，传统产业与新媒体产业将在"互联网+"与"大数据+"等政策的推动下进一步融合。

国内互联网企业采取"资本+媒体"等形式在传媒领域投资和布局，促成了多类型传播渠道发展，同时也有力地促进了媒体行业的转型升级。从2015年开始，中国新媒体产业出现了合并潮，不少同行业的竞争对手转而采取战略合并方针。比如，滴滴打车与快的打车合并，美团网与大众点评网宣布合并。这些同类型企业的合并减少了新媒体产业的恶性竞争，优化了整个产业的生态布局。

此外，移动化、智能化媒体产业将逐渐成为新媒体产业的主流。

根据百度、阿里巴巴、腾讯、搜狐、新浪、网易、搜房网、乐视网等11家互联网上市公司公开的财报，上述公司在2015年的销售收入多达3321.16亿元，净利润多达1400.17亿元，同比增长93.59%，广告收入多达1641.12亿元，同比增长45.37%，市值为4979.73亿元。（以上数据源自《中国新媒体发展报告（2016年）》）

智能化媒体产业以初露头角的VR产业为代表。VR被认为是下一代互联网及移动计算平台，标志着人类从PC端互联网、移动互联网进入新的发展阶段。2015年被称为"VR元年"，据《中国新媒体发展报告（2016年）》估计，VR在中国拥有2.86亿潜在用户，市场潜力相当惊人。

总体来看，国家对新媒体产业发展依然采取大力扶持的政策。新媒体生态圈在碰撞与融合中逐渐成形。智能技术的发展让新媒体的跨行业整合进程进一步提速，甚至有机器人参与到新闻生产流程之中。自媒体的价值变现能力更加突出，内容提供者将成为新媒体产业未来的重点培育对象。"新媒体+电商"等多元化经营方式也成为各行各业的重要营销手段。

经验之谈

在2016年和2017年的"两会"报道中，各大媒体都通过虚拟现实设备和其他新媒体技术对"两会"进行了全景式报道。我国"两会"通过网络直播的方式向海外传播，引发了外国网友在社交媒体上的广泛热议。新媒体宣传正在成为各行各业的主要信息传播手段。

4. 新媒体、自媒体、微媒体的辨析

 **本节要点：**

◇ 自媒体和微媒体的定义。

◇ 新媒体、自媒体、微媒体之间的异同点。

"人人都是自媒体"这句话在社交平台上屡屡出现。此外，还有人把微博和微信称为"微媒体"。"新媒体营销""自媒体营销""微媒体营销"的字眼都在网络上出现，搞得不少运营者晕头转向。其实，新媒体、自媒体、微媒体三者既有区别也有联系，不要把它们完全看成三个自成一体的概念。

广义的新媒体指的是"在各种数字技术与互联网技术的支持下，通过电脑、手机、数字电视等一切互联网终端向用户提供信息或服务的新的媒体形态"。自媒体的概念最初来源于美国学者谢因·波曼与克里斯·威里斯联合发布的研究报告《We Media》，"We Media"被翻译为"自媒体"。他们给自媒体下的定义是"普通大众通过数字科技与全球知识体系相联系，然后与他人分享新闻以及身边事件的途径"。微媒体的定义是"由许多独立的发布点构成的网络传播结构"，比如微博、微信等。

由此可见，新媒体的内涵外延更大，包含了自媒体和微媒体。微媒体强

调的是一种由多个信息发布点组成的网络传播结构,侧重点在平台。自媒体虽然被定义为一种信息传播途径,但它的侧重点在于"普通大众"和"与他人分享"等关键词。本书提到的新媒体,既包括企业组织的新媒体,也包括普通大众以新媒体工具形成的自媒体品牌。

自媒体运营的门槛是最低的,只需要注册账号,把身边的事情传递出去即可。很多时候,私人化、平民化的自媒体仅仅被视为自娱自乐的后花园。只有少数特别有人气的自媒体才会被企业看中,展开真正意义上的商业合作,以便将自媒体的影响力变现为公司财务报表上的利润。这是一块大蛋糕,很多企业的新媒体营销团队都会抓住这点来做文章。

相对企业新媒体而言,自媒体最大的优点是个性鲜明且拥有较多的话语权,让运营者有更多机会传播个性化内容。这使得自媒体成为新媒体产业中最主要的内容提供者。

随堂练习

请写下你平时最喜欢的十个自媒体大V,并简单说明喜欢他们的理由。

自媒体大V名称	喜欢的理由

续表

自媒体大V名称	喜欢的理由

经验之谈

　　自媒体是新媒体时代的新事物。人人都可以成为自媒体，利用新媒体平台对各种人、事、物发表自己的看法。当然，网络言论并非没有边际，而要遵循法律法规和社会公德。尽管很多自媒体喜欢发布偏激、低俗、颠倒黑白的言论，暂时没有受到应有的惩治，但是新媒体运营者切不可随波逐流，而应当有意识地维护互联网大环境的良好风气。

5. 延伸阅读：传遍全球的ALS冰桶挑战

2014年8月17日开始的ALS冰桶挑战成为当时整个互联网最关注的热点事件。ALS指的是"肌萎缩侧索硬化"，俗称"渐冻症"。ALS冰桶挑战活动旨在让更多人了解这种罕见的疾病，以名人互动的娱乐形式来帮助渐冻症患者群体。

ALS冰桶挑战的游戏规则是，参与者需要用一桶冰水淋遍全身，将其录制成视频上传到互联网上，然后向另外三人点名发出邀请，受邀者必须在24小时内接受冰桶挑战，或者向帮助渐冻症患者的公益组织捐款100美元。

关于这项活动的起源有多种说法。一说是由新西兰的一名癌症协会成员于2014年7月4日发起，美国职业高尔夫运动员克里斯·肯尼迪接受挑战后又指定丈夫患有ALS的表姐继续接力，从而演变为ALS冰桶挑战。另一种说法是波士顿学院著名棒球运动员皮特·弗雷茨的亲朋好友为了支持正在与渐冻症抗争的他而发起的。

无论ALS冰桶挑战起源于谁，这个类似击鼓传花的挑战活动很快在社交媒体上走红。娱乐界、体育界、IT界、商界名人纷纷参与，相互点名挑战。持续不断的"名人效应"让ALS冰桶挑战从单纯的公益活动像滚雪球一样不断发酵，发展成为一个影响力遍及全球的集体狂欢事件。

美国东海岸的波士顿是ALS冰桶挑战最初的辐射中心,然后西部的硅谷地区成为信息传播路径上的重要节点。比尔·盖茨、脸书掌门人马克·扎克伯格、苹果CEO蒂姆·库克等硅谷名人为了帮助美国肌萎缩侧索硬化协会筹集善款而接受挑战,并将该活动传播到其他行业。

据悉,美国肌萎缩侧索硬化协会总部从2014年7月29日到8月12日总共收到了230万美元捐款,而2013年同期的捐款额仅为2.5万美元。8月20日时,捐款额已飙升到了1140万美元。

同年的8月17日,一加手机公司的CEO刘作虎主动进行ALS冰桶挑战,成为国内完成挑战的第一人,他点名周鸿祎、罗永浩和刘江峰参加。与此同时,小米公司CEO雷军接受了外国投资人Yuri的挑战,完成挑战后点名李彦宏、郭台铭和刘德华参加。于是,国内的ALS冰桶挑战很快从互联网行业传播到娱乐界、体育界,各路名人的号召力使得这项活动成为新媒体上的热门话题。微博上关于"冰桶挑战"话题的阅读量至8月30日已经达到了43.7亿次的惊人数字。

ALS冰桶挑战活动在全球的走红离不开以微博为代表的新媒体。这个活动设计得非常巧妙,非常符合新媒体用户的上网习惯。规则要求被点名的人在24小时内做出回应,既能让被点名者有充分的时间进行准备,又不至于让围观的网友等待过久。

在这场点名与被点名的互动中,人们的社交需求和自我认知需求得到了充分的满足。大家也因此乐于分享相关信息,让自己不经意间成为群体传播中的一个新节点,最终引发相关信息的裂变式传播。

第二章
新媒体运营者的基本素养

> 新媒体行业发展迅速,从业人员与日俱增。但是,很多在公司领薪水的新媒体编辑反而不如那些背景五花八门的自媒体从业者那么受欢迎。这主要是由于新媒体更新迭代快,年年都有意想不到的新变化,对运营者提出了较高的综合能力要求。

1. "网感"十足，能抓准今日热点

**本节要点：**

◇什么是"网感"？

◇怎样培养"网感"？

我们来看两则新媒体编辑招聘广告。

A公司的资深新媒体编辑招聘消息

岗位职责：

（1）负责新媒体的方案策划、创意、执行；

（2）策划并制订线上活动、创意方案；

（3）负责创意后的文字编写，提升用户数量及黏性；

（4）对其他编辑的创意思路进行指导及培养。

职位要求：

（1）本科学历，新闻类、汉语言类专业；

基础篇

（2）具备5年以上文化、传媒、旅游行业工作经验；

（3）能完成各类文稿、方案、报告等的撰写工作。

B公司的新媒体编辑招聘消息

工作职责：

（1）负责新媒体内容的采编、维护、推荐，充分了解用户需求，收集用户反馈，分析用户行为及需求；

（2）广泛关注标杆性公众号，维护和拓展同类自媒体关系网络；

（3）分析同行业微博、微信内容结构及话题热点，调研目标用户群体的喜好，在此基础上定位客户需求及喜好；

（4）跟踪推广效果，分析数据并反馈；

（5）新媒体内容运营相关工作。

任职资格：

（1）大学本科以上学历，35岁以下；

（2）熟悉微信公众号编辑与运维规则，具备文案采编、组织、整理和撰写能力，为受众策划与提供有传播性的内容；

（3）运营过微信公众账号或微博账号者优先，优先考虑有运营商业类、财经类、管理类、主题娱乐、儿童娱乐、体育等方向经验者；

（4）有媒体记者工作经验，在业内发表过相关文章或有案例者优先。

由这两则招聘广告可知，企业对新媒体编辑（即运营者）的要求都是综合性的，特别强调应聘者必须对用户需求和同类新媒体平台非常熟悉。能做到这点的运营者会被业内评价为"有良好的网感"。毫不夸张地说，新媒体行业高度排斥没有"网感"的人。

"网感"是一个很难给出精确定义的网络用语，但你完全可以领会其精神。有的人随口说一句话就能意外地催生一个新的网络热词，有的人随手转发一位网友的微博就能引发全民热议，有的人总是能从每天的无数话题中找出那个最有炒作价值的话题。

这些都是"网感"好的表现。而绝大多数网友（包括新媒体运营者）努力去推广一个新名词、一篇新文章、一个新视频，都未必能让自己的朋友圈积极响应。这就是"网感"不佳的表现。

新媒体运营者需要制造热门话题，带动一大群社交媒体与你一起互动，共同增长人气，把影响力传入你粉丝的粉丝的朋友圈，形成裂变式传播。要实现这个目标，离不开"网感"。

因为各类用户群体感兴趣的话题并不一致，所以没有"网感"的运营者根本无法捕捉大众兴趣的交汇点。从某种意义上说，"网感"是否敏锐决定了一个新媒体运营者的发展潜力大小。

无论你是以制作内容为主的新媒体从业者，还是以营销推广为主的新媒体从业者，都应该努力积累自己的"网感"。确切地说，就是每天从海量信息中捕捉到网络舆论的发展方向，找出会引发全民热议的信息，然后主动引导话题。

培养"网感"，一方面要充分理解自己的品牌属性，另一方面要熟悉人性和传播学知识。学习方式没有什么特别的，就是不断研究互联网上的信息，特别是那些忽然变成舆论热点的事情。这些热门事件也许出现在人们的意料之外，但必然在情理之中。

当一则不起眼的消息显露出成为热点的潜力时,各大媒体和自媒体都会闻风而动,加入炒作队伍当中。有些"热搜词"会在这个过程中涌现。"网感"好的人会及时捕捉"热搜词",参与到讨论当中,从而成为一个重要的信息扩散节点。通过不断地研究和跟进,新媒体运营者会逐渐锻炼出预判网络趋势的能力,"网感"也就形成了。

随堂练习

请写出你当前在互联网上最关注的5件事,并说明关注这些事的理由。

关注的事件	关注的原因

搜索微博上同一时间内最热门的5个话题,看看与你关注的点有哪些异同。如果有区别,请想一想自己为什么不关心大众热议的话题。

热门话题Top5	关注/没关注的原因

续表

热门话题Top5	关注/没关注的原因

经验之谈

"网感"并不是上网时间长就能自动形成的。你的兴趣爱好、关注焦点、思维方式、学习意识都会影响"网感"。那些不喜欢动脑筋深究问题的人,上网时间再长也无法有效总结经验,只能被动地接受已经确认的热点信息,而无法预先判断出哪些是潜在的热点信息。

2. 扎实的内容制作能力

> 本节要点：
> ◇新媒体用户的内容需求。
> ◇内容制作能力由哪些方面构成？

不少新媒体运营者曾经信奉"流量为王",后来才发现流量的源头依然是内容,于是又开始举起"内容为王"的旗帜。

一个新媒体平台能否运营下去,关键在于它有没有用户需要的内容。在这个人人都能成为自媒体的时代,处处充满了创意,天天都有新内容。新媒体用户无法全盘吸收海量的信息,只能挑选自己最感兴趣的几类内容。如果你能成为相关内容的长期制作者,他们就会成为你的长期关注者(俗称"粉丝")。

互联网上的用户数以亿计,需求类型成千上万,但又在一定程度上殊途同归。就目前而言,新媒体用户要求的内容有以下共性。

◎原创性

原创能力在新媒体时代是一种非常宝贵的能力。原创作品往往是最受欢迎的优质内容,因为它具有鲜明的个人特色,丰富了人们的精神生活。不少网络红人最初是以原创作品在新媒体上走红的，所以积攒了大量人气，然后才能变现价值，发展出自己的团队与工作室，真正成为一个受大众欢迎的创业品牌。

不过，制作原创内容是一件"烧脑"的事情。新媒体运营者没有足够的知识储备和学习能力，就无从做好原创。于是，不少人就抄袭和改编别人的原创内容来冒充是自己的原创作品。这种"伪原创"不仅不利于保护版权，而且打击了原创作者的积极性，破坏了新媒体的生态环境。

◎不讲套话

在线下生活中，我们少不了要大量使用呆板的书面语言和各种套话。正因为如此，用户普遍把新媒体社交平台当成一个情绪宣泄口，以释放自己的真实情绪，不想再看到官样文章和虚情假意的套话。真性情的人和耿直的人敢于表达真实想法，往往会得到更多人的赞许。

新媒体运营者要学会用生动的语言来表达自己的想法。即使有些事情不被言明，也要给人诚挚的感觉。不要用中规中矩的书面语来制作内容，而要尽可能地把措辞生活化，让人们一听就能感同身受，这样的内容才能打动人心。

◎有"干货"

"干货"指的是有用的信息。原创内容不一定是优质内容，你随便写一条140字的微博都算原创，但可能只是一些没营养的流水账。没营养的流水账人人都会写，毫无价值可言。而新媒体平台上的优质内容必须有足够的"干货"，否则无法吸引真正的粉丝。

新媒体运营者只要坚持原创，不讲套话，多积攒"干货"，就能制作出令人称赞的内容。任何不具备内容制作能力的运营者，都只能沦为他人信息的搬运工，增加不了多少人气。

随堂练习

请写出你在新媒体上最喜欢看的5种内容,并说明喜欢的理由。

喜欢看的内容	喜欢的理由

经验之谈

"内容为王"并不只适用于传统媒体。现在的新媒体产品越来越趋同化,虚火多于活力。随着时间的推移,广大新媒体用户会对千篇一律的文化快餐感到厌烦。不少业内人士已经注意到了一这点,因此,他们对优质原创内容的制作越来越重视。

3．吃透目标用户群体的小心思

> **本节要点：**
> ◇ 目标用户群体对新媒体的意义。
> ◇ 常见的用户消费心理有哪些？

经常玩微博的朋友应该会注意到，微博放大了人们的分歧，让各种圈子不断分化。其实，这正是新媒体时代的一个基本特征——用户群体细分化。新媒体运营者会逐渐发现，无论你的发言多么理智、中肯、客观，都无法让所有人信任你；无论你说话多么风趣、犀利，都会有人会讨厌你。而且，喜欢你的人和讨厌你的人往往会形成泾渭分明的阵营。你不可能讨好所有人，只能选择一个目标用户群体来重点经营。

一名优秀的新媒体运营者应当吃透目标用户群体的心理特点。他们的小心思里潜藏着商机，也包裹着风险。一旦不能如意，他们就会暴跳如雷，如同海上的天气一样说变就变。为此，运营者应当注意以下新媒体用户常有的11种消费心理。

◎求实心理——追求产品的实用价值

新媒体用户虽然活跃在虚拟的网络世界，但是依然高度重视产品和服务的实用价值。他们喜欢在新媒体平台上分享自己的产品使用经验（这也成为常见的直播节目），寻找具有实用性的原创科普文章。

◎求美心理——追求产品的欣赏价值和艺术美感

用户在选购产品时倾向于造型、色彩、制作工艺精美的产品，甚至会购买那些实用性不强且价格不菲的精美产品。

◎求新心理——追求产品的新奇和时尚

新媒体用户往往热衷于使用时髦而新潮的产品。如果产品缺乏流行元素，他们就不会有兴趣了解产品的相关信息。

◎求利心理——希望提高产品的性价比

大多数用户都喜欢物美价廉的东西，除非他们觉得自己不差钱。假如产品的价格超出了承受范围，用户就会觉得不够划算，从而减少消费。新媒体运营者常用的免费服务就是利用了这种心理。

◎求名心理——通过买名牌产品来获得荣耀感

这种消费心理以"面子"为导向，买的不是实用价值、艺术价值与性价比，而是品牌知名度。这类用户喜欢炫耀性消费，往往会不惜代价地抢购一些限量特供的名牌产品，用来彰显自己的社会地位。

◎从众心理——害怕自己落后于大众潮流

拥有这种消费心理的用户并不清楚自己真正需要什么东西。但他们看到别人追捧某种产品时会跟风采购，也不在乎自己是否用得上这些产品。他们之所以要从众消费，是因为害怕被别人看作是落后于潮流的异类。

◎偏好心理——为满足个人兴趣爱好而消费

有的用户推崇个性化消费模式。无论产品是流行时尚还是复古老旧，无论是小众产品还是大众产品，只要自己喜欢就愿意掏钱。他们买东西通常具有明确的方向，而且是经常性、持续性的消费，非常认品牌。

◎自尊心理——通过消费来满足个人的自尊心

用户做购买决定时不光看产品的情况，销售员的服务态度也是一个重要的参考因素。假如销售员服务热情周到，哪怕产品的性价比不是特别理想，用户也可能抱着奖励用心服务的销售员的心态做出购买决定。反之，销售员对用户爱答不理甚至态度恶劣时，用户就会觉得自己的尊严受到了伤害，产品再好再划算也不会买，回头还要给商家打个差评。

◎疑虑心理——担心被电商或媒体欺骗

所有的用户都不希望自己买错东西。所以，很多人在购物的过程中会对产品的质量、性能、造型等方面反复挑剔。这不光是为了砍价，主要是因为用户怕吃亏上当。

◎安全心理——担心产品存在安全隐患

用户肯定不想买一个存在安全隐患的产品。为了确保自己买的不是危险品，用户会再三确认产品使用是否安全，尤其是从网上采购的产品。

◎隐秘心理——不想让别人知道自己买了什么

有的用户不希望别人知道自己买了什么东西。因此，他们会挑选人少的时候迅速采购早已确定的目标产品，不会公开参与促销活动，但会私底下跟商家联系。

上述消费心理并不会完全集中在同一个人身上。一些人只有其中一种，另一些人则可能是混杂了好几种心思。新媒体运营者必须认真研究自己的目标用户群体，摸清他们最主要的几种消费心理，这样才能采取相应的部署。

随堂练习

请回忆一下自己平时购物时怀有哪几种小心思。这些小心思是在购买什么物品时出现的？

产品类别	当时的消费心态

经验之谈

　　社交媒体让人们的交流方式变得越来越情绪化。擅长调动情绪的新媒体远比画风冷静睿智的新媒体更受大众欢迎。这并不是说理智思考不重要，而是说新媒体运营者应该懂点应用心理学，这样才能打动人心，引发共鸣，扩大自己的品牌影响力。

4. 用大数据分析代替经验判断

> 👉 **本节要点：**
> ◇ 大数据技术在新媒体运营过程中的运用。
> ◇ 用户数据对新媒体运营的重要性。

大数据技术的出现为新媒体产业发展注入了新的动力。通过大数据分析，企业可以从海量信息中迅速提取决策所需的数据分析报告。尽管大数据分析无法穷尽所有的有价值情报，但是它对用户行为及市场动态的统计分析和营销活动有着不可替代的重要意义。总体而言，大数据分析的价值主要体现在以下几点。

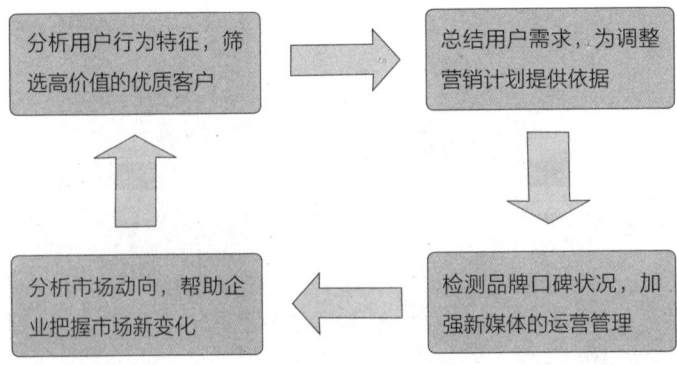

参考案例

2017年5月23日,我国青年围棋国手柯洁九段与AlphaGo的围棋人机三番棋大战进行第一局比赛。虽然中国围棋高手们普遍认为柯洁战胜AlphaGo的可能性很低,但这场人类顶尖棋手与人工智能的对决依然成为媒体上的热门话题。在第一局比赛中,柯洁执黑先行,最终以1/4子的差距落败。知微传播分析利用大数据技术分析了由@环球时报的一条微博引发的舆论情况。

截止到2017年5月23日16点31分,该微博有207条转发、346条评论,在892万个微博用户的页面上有所显示(即曝光量)。转发微博的来源情况如下图所示。

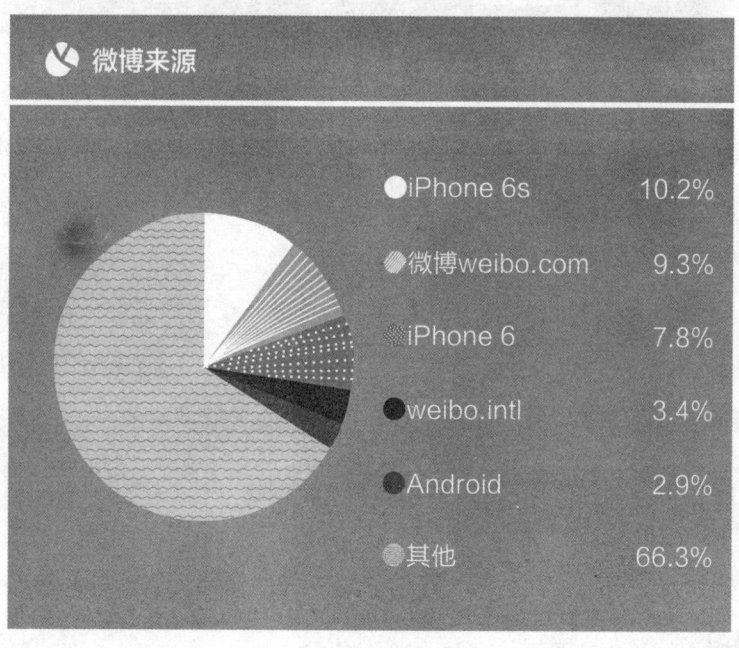

由此可见,有不少参与评论的微博用户是通过移动互联网来登录微博的。这些微博用户的组成结构见下图。

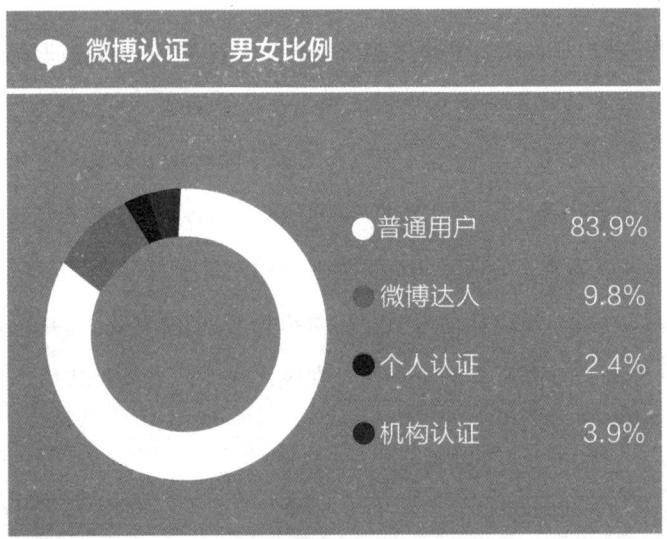

从上图可以看出，在参与讨论的人中，普通用户占了83.9%，微博达人只有9.8%。但很多普通用户是因为自己关注的微博达人转发了@环球日报的新闻才参与讨论的。

据统计在参与讨论的人中，有20.0%的极活跃用户、9.3%的较活跃用户、28.8%的活跃用户，大多数微博用户都比较活跃。这使得围棋人机大战成为微博首页当天的最热门话题之一。假如没有大数据技术，我们就无法一目了然地弄清楚一场新媒体上的全民狂欢究竟有多大的影响力，传播效果究竟如何。

随堂练习

请上网搜索5个大数据服务商或研究大数据的新媒体，找出他们参与的大数据分析经典案例，记下案例名称并阅读其内容。

大数据服务商/新媒体	相关大数据分析案例

经验之谈

虽然大数据分析很重要，但是新媒体运营者需要避免"数据万能论"的误区。因为很多用户数据分析存在"幸存者偏差"，实际上只能反映部分用户的真实情况，遗漏了其他用户的信息。在影视行业中的收视率调查就存在这种情况，令很多人误以为雷剧比制作精良的电视剧更符合观众的胃口，其实往往只是反映了单一观众群体的偏好。

5. 善于捕捉创意的策划能力

> **本节要点：**
> ◇ 运营新媒体需要哪些策划能力？
> ◇ 怎样把创意转化为策划方案？

"段子手"在新媒体时代大行其道，靠的是出其不意的创意。新媒体运营者想要做出有特色的品牌，离不开丰富多彩的创意。在这个人人都是自媒体的时代，最不缺的就是有创意的点子，但能把点子转化为操作方案的人少之又少。对新媒体运营者而言，自己想不出创意还可以求助那些具有奇思妙想的用户，做不好策划才是真正的重大缺陷。

越是优质的内容，越需要运营者精心策划，否则无法形成爆款话题。怎样设计文案？怎样组织互动活动？将内容推送给哪个用户群体？在什么时机推送内容？如何引导粉丝舆论？如何植入此时的热点话题？如何进行用户反馈效果分析？如何选择最利于推广内容的合作平台？这些都是策划者要考虑的问题。

要想提升自己的策划能力，新媒体运营者可以从以下3种途径来进行。

（1）寻找专业学习网站补课；

（2）与团队的同伴们多进行一些"头脑风暴"；

（3）多向新媒体行业中的优秀运营者请教。

在这3种途径中，与团队同伴的"头脑风暴"对运营工作的直接影响最大，因为这本身就和工作相关。在实战中，锻炼永远是成长的捷径。

参考案例

作家咪蒙经常写出爆品文章，她最擅长的就是起一个博眼球的标题。咪蒙团队为了确保标题能一鸣惊人，每天都要开标题策划会。咪蒙每天晚上都会把写好的文章发出来，交给新媒体小组构思标题。她要求每个人在15～20分钟内至少取5个标题。个别小伙伴甚至会想20个标题。也就是说，咪蒙的每一篇文章背后都有将近100个备选标题。

接下来，咪蒙会从这近100个标题中挑出5～6个看起来最有意思的，再转给3个顾问群进行投票。她的每个顾问群都有专人负责统计票数，最终投票结果会成为咪蒙最终采用的那个标题。当然，咪蒙并不是次次都听从顾问群的意见，有时候也会根据自己的直觉力排众议。

为了激发灵感，咪蒙团队的每一位运营者都关注了几百个公众号。大家每次看到有意思的标题，都会分享到群里，然后由专人将每个人搜集的新标题加入一个"大标题库"里。新媒体的标题风格变换很快，上个月的流行标题到下个月就不再吸引大众了，所以咪蒙团队会定期分析当前流行的标题，研究出最时髦的标题风格。

在这种井井有条的流程之下，咪蒙团队的创意捕捉能力和策划能力在业内一直名列前茅。

随堂练习

请写下你眼中的5个创意非凡的新媒体平台，并找出它们亲手打造的经典创意。

富有创意的新媒体	创意案例

经验之谈

创意是互联网生活最吸引人的地方。假如一个新媒体缺乏令人惊喜的创意，那么它是无法吸引大众关注的。但新媒体运营者要切记，不要把哗众取宠当成救命稻草。一味策划博眼球的低俗活动，不可能赢得优质粉丝的青睐。

6. 延伸阅读："先定一个小目标"意外成为网络金句

2016年8月，大连万达集团股份有限公司董事长王健林受邀参加《鲁豫有约大咖一日行》栏目。他在说起"心有多大舞台有多大，真的对吗"这个话题时，讲了这样一句话："想做世界首富，这个奋斗的方向是对的。但是最好先定一个能达到的小目标，比如说我先挣它一个亿。你看看能用几年挣到一个亿。"这个节目在电视台播出后引起了轩然大波，在互联网上更是传得沸沸扬扬。网友们普遍感觉，这句话深深刺痛了特别有梦想又特别穷的自己。

在王健林看来，赚一亿元人民币只是个能达到的小目标；然而这对许多上班族来说是一个一辈子都赚不到的天文数字。绝大部分人在几年中连几百万都凑不齐，何况是一个亿呢？王健林在后面又解释道："这是个目标。定了目标咱们去奋斗，做到了更好。做不到你看挣了8000万咱也挺乐呵，挣了5000万也挺好。但是目标要放大。"但大家的关注点还是停留在"先定一个能达到的小目标"这句话上。

没过多久，这句话成了网络上的热门金句。大家纷纷模仿王健林的"先定一个小目标"来编写笑话段子：

"购房不可能一步到位，先定一个能达到的小目标，比如说买个500

平方米左右的房子。实在不行了,就买300平方米左右的房子凑合着住一下。"这是嫌房价太高又有买房需求的网友在调侃。

"买车也要循序渐进,先定一个能达到的小目标,比如说先买一辆宝马开开。"这是有买车需求的网友在调侃。

"创业不可能一步登天,先定一个能达到的小目标,比如说先建成亚洲连锁。"这是正在创业的网友在调侃。

"减肥不可能一蹴而就,先定一个能达到的小目标,比如说3天内减个50斤。"这是正在减肥的网友在调侃。

"练习厨艺也要循序渐进,先定一个能达到的小目标,比如说先做一桌满汉全席。"这是正在学习烹调的网友在调侃。

毫无疑问,他们说的"小目标"实际上是个具有高难度甚至不可能完成的"大目标"。大家在社交媒体上造句接龙,以此形式宣泄着各自的情绪。任何微小事件都可能在网友互动中变成一个热门话题,这就是新媒体时代的特点。前面提到的"网感",正是捕捉这种可能引起全民狂欢的一件事、一个人或者一句话。

新媒体时代的人们充满了自嘲精神和娱乐精神。新媒体运营者应该重视这一点,在不违背社会底线的前提下,积极顺应这股全民娱乐的潮流。也许下一个新兴的网络热词、热句,就诞生在你的社交媒体平台上。

第三章
令你事半功倍的编辑工具

"工欲善其事，必先利其器。"运营新媒体首先从认识编辑工具开始。脱离编辑工具来谈新媒体运营技巧，没有实质意义。从寻找热点、构思选题到编辑图文内容、制作音频视频，新媒体运营者熟悉每一个环节可以选用的工具，才能做好新媒体运营工作。

1. 想不出选题,就从这里搜索热点

> **本节要点:**
> ◇ 经常发布最新热点的网站和媒体。
> ◇ 如何搜索自己想要了解的热点信息。

根据艾媒咨询的调查数据显示,46.1%的自媒体人为怎样保证持续产出高质量内容而焦虑,24.9%的自媒体人则为怎样收获更多粉丝而发愁。两者的压力都与选题息息相关。

选题犹如一座大山,挡在每一位新媒体运营者的面前。你必须机智勇敢地翻过去,否则连最基本的运营都做不好。但定期构思一个能引起粉丝踊跃讨论的选题,并不是轻而易举的事情,因为灵光乍现的次数比你想象中更少,劳神苦思才是常态。

假如你想不出该做什么选题,可以先把大脑放空,去网上寻找当前的热点或潜在热点。我们可以通过搜索引擎、微博媒体平台、微信公众平台、新闻客户端、大数据舆情分析平台等途径来寻找热点信息。

◎搜索引擎

百度搜索	不必多说，绝大多数人每天都在使用的搜索引擎
搜狗搜索	搜狗搜索与微信、知乎等平台展开合作，分享两个平台的资源
谷歌搜索	海外的朋友可以选择功能强大的谷歌搜索，尤其是学术和地图资料
中搜	通过两大WEB站点、移动APP、云服务平台等载体提供搜索服务

◎微博媒体平台

新浪微博	国内最大的微博平台，进驻了无数传统媒体、自媒体
@头条文章	微博头条文章官方微博，每天分享微博平台上的人气文章
@中国侨网	华声报社主办的面向全球华侨华人提供综合性信息服务的专业网站
@微博视频	微博视频官方微博，每天都向大众分享热门视频

◎新闻客户端

@新华社	新华社的新闻客户端
@环球时报	《环球时报》的新闻客户端
@人民日报	《人民日报》的新闻客户端
@南方周末	《南方周末》的新闻客户端

◎ 微信公众平台

西瓜公众号助手	每日更新超过百万篇微信公众号文章，助您快速查找或创作优质内容
爱妮微	收录有明星、财经、科技、搞笑、旅游、健康等微信公众平台账号
公众号微盟	公众号第三方服务商，拥有微网站、微场景、微商城等功能模板

◎ 知识分享平台

知乎	一个真实的网络问答社区，帮助你寻找答案，分享知识
果壳网	一个泛科技主题网站，提供负责任、有智趣、贴近生活的内容
@36氪	国内最具影响力的互联网创投媒体，提供最新锐、最具深度的商业报道

◎ 大数据舆情分析平台

清博指数	"两微一端"新媒体数据平台，目前国内最大的第三方新媒体数据搜索引擎

互联网上的优质信息传播渠道很多，上面提到的只是其中一部分。新媒体运营者还应该多多关注各行各业的专业网站以及自己觉得有意思的微博自媒体和微信公众号。这样就能每天及时充电，根据热点消息来激发灵感，想出新的选题。

随堂练习

请写下你平时最主要的5个信息来源，点评其信息的质量、数量、及时性等情况。

信息来源	特点

经验之谈

选题可以说是新媒体的生命。用户每天浏览大量信息，很容易对同质化的选题产生审美疲劳。如今，新媒体各大平台频繁转载同类文章，早已让广大用户感到厌倦。这时候，一个别出心裁的新选题很可能脱颖而出，引爆热点，让各大媒体跟风炒作。

2．方便实用的内容编辑器和图文设计工具

> **本节要点：**
> ◇常用的新媒体内容编辑器。
> ◇常用的新媒体图文设计工具。

内容编辑不仅仅是写两句话再随便配两张图就行了，还要结合移动互联网读者的阅读习惯。同样的内容，在电脑版新媒体平台上的显示效果与新媒体移动客户端页面上的显示效果差别很大。下面介绍的内容编辑工具和图文排版工具，侧重于微信营销的方向。

◎内容编辑器

微信公众平台是发布原创图文的主要新媒体渠道，利用内容编辑器能把图文素材排版成养眼的公众号文章。新媒体运营者通常会用到以下几款微信内容编辑器。

135微信编辑器	由135编辑器官网打造的内容编辑器软件，编辑功能强大，模板精美，操作简单便捷，可以在手机上完成操作；因此，135微信编辑器成了业内最受欢迎的编辑器工具之一

续表

小蚂蚁微信编辑器	这款微信内容编辑器主要在电脑上操作，用户可以轻松完成图文背景、内容标题、内容样式、内容分割、阅读原文等操作，提高公众号文章的美观度
96微信编辑器	96微信编辑器是一款很受欢迎的微信公众平台文章编辑工具，里面设有吸粉素材、免费吸粉、公众号活粉、GIF动图、10秒作图、公众号变现、设计神器、小程序开发等功能
易点微信编辑器	易点微信编辑器是山西派唯网络科技有限公司旗下的产品，操作简易，能便捷地修改文章布局、线条、字体，功能比较齐全
秀米微信编辑器	秀米微信编辑器提供了多种模版，编辑、排版功能操作简便，受到不少微信运营者欢迎

◎图文设计工具

新媒体运营者常用的图文设计工具包括截图工具、美图秀秀和Photoshop等。我们可以根据个人喜好选择以下截图工具。

Windows自带截图工具	Windows自带的截图工具主要是键盘最上排F12键右边的Print Screen键，不过它只能用来截取当前的整个计算机屏幕。截完之后用粘贴方式就能放入Word文档或PS软件等文案工具中
360软件小助手	单击360软件小助手图标，在弹出页面的最下排"我的电脑"右边的就是截图功能键。单击"截图"就会进入截图界面，通过手动截图或智能选区截图等方式完成操作
QQ截图	QQ用户最熟悉的一种截图方式，同时按住Ctrl+Alt+A就会弹出截图编辑页面，然后选择要截取的区域，点击"确定"即可

美图秀秀是一款操作简便的修图工具，非专业用户也能完成简单的图片美化工作。它的功能十分齐全，编辑图片的方式也很灵活，并向用户提供了很多可选的图片素材。不少移动互联网用户喜欢用美图秀秀来编辑自拍照，把自己的形象修得更漂亮一些。

Photoshop是目前最流行的专业图片编辑工具，可以完成绘画、修图、文字、排版等图文编辑工作。这款工具对用户的操作技巧要求较高，适用于复杂的内容编辑任务。

经验之谈

如今我们已经进入了一个"读图"时代。互联网用户越来越没耐心去阅读有深度的长篇大论，而是倾向于接受漫画、动画、视频等形象生动的讲解方式。哪怕是讲干货的长篇大论，最好也能做成"一张图让你看懂×××"的图片形式。这样既利于观看，也便于转发扩散。

3．视频、音频编辑工具

> **本节要点：**
> ◇ 视频、音频对新媒体运营的价值。
> ◇ 常用的新媒体视频、音频编辑工具。

运用多媒体手段来灵活地表达内容，是新媒体运营的一大特征。优质内容不仅包括文字、图片、图画，而且包括音频和视频。在某种程度上，音频和视频比图文更容易实现广泛传播。这类信息比图文更为生动易懂，而且用户不盯着屏幕也能获取大致信息。因此，不少自媒体以音频、视频为突破口，把自己打造成了网络红人。

为了丰富新媒体平台推送的内容，运营者可以利用以下几种工具来编辑视频、音频。

◎视频GIF转换器

我们在微博或微信朋友圈里经常看到一些GIF动态图片，这种会动的图片就是由视频内容转换而成的。格式工厂是动图作者最常用的工具。我们打开格式工厂后在"视频"选项区里选择"GIF"格式，然后再添加需要转换的视频，单击确定，即可等待格式工厂完成格式转换任务。

◎ 电脑屏幕视频录制工具

Bandicam是一款专业的电脑屏幕视频录制工具，主要包括游戏录制模式、屏幕录制模式、设备录制模式3种功能。游戏录制模式可以录制4K的超清视频，并能捕捉每秒120帧数的视频。屏幕录制模式可以录制所有你感兴趣的内容，并将其保存为AVI、MP4格式的视频或者BMP、PNG、JPG格式的图像文件。设备录制模式可以录制电脑的外置设备，比如摄像头、Xbox/PS游戏机、手机、网络电视等。

◎ 手机屏幕录像软件

手机屏幕录像软件主要用于录制用户对屏幕操作、状态的录像，在游戏视频、教程视频等方面应用广泛。比如，拍大师由于使用简便、功能实用而成为一款比较受欢迎的视频处理软件。SCR（Screen Recorder）也是一款网友常用的手机屏幕录像软件，这款软件支持市面上的大部分机型，在取得安卓权限后就能直接简单地进行高清屏幕录制。

◎ 音频编辑器

音频编辑专家是一款操作简单、功能强大的音频编辑器。它涵盖了音频格式转换、音频合并、音频截取、音量调整、铃声制作等多种功能，堪称超级音频工具合集。

◎ 视频后期处理软件

Vegas和会声会影两款软件操作简单，易上手，但性能不是特别强，可以用来剪辑专业性不强的简单视频。假如想要制作比较专业的视频作品（比如剪辑微电影），则可以使用Edius视频编辑软件或更流行的Adobe Premiere视频编辑软件。Edius操作简单、实用，优秀的视频压缩编码使其能制作出更好的画质，占用电脑系统资源较少，调色功能也不错，视频格式兼容性好，但特效和调色逊于Adobe公司推出的Adobe Premiere视频编辑软件。

新媒体运营者如果能熟练运用上述视频、音频编辑工具，就能在原创图文中插入自己精心选择的GIF动图或原创视频，大幅度提高优质内容的趣味性与可读性。这无疑会给广大粉丝带来更加愉悦的视听享受。

随堂练习

请在互联网上搜索当前点击量排在前五的视频，并分析这些视频吸引大众眼球的亮点在哪里。

视频名称	亮点

经验之谈

视频和音频在新媒体运营中将扮演越来越重要的角色。因为互联网用户大多想满足感官需求，所以将文字、图像、声音、剧情结合在一起的效果更佳。声音在信息传播过程中迸发的力量是惊人的，尤其是视频中的搞笑音乐，会在用户的脑海中久久回荡。

4. H5海报制作工具

> **本节要点：**
> ◇ 常用的H5海报制作工具。
> ◇ 按需选择H5海报制作工具。

H5能把文字、图片、音乐、视频、链接等表现形式集中于展示页面，并通过各种控件来实现生动的动画特效，是一款功能强大且契合移动互联网阅读习惯的交互应用。更可贵的是，它的开发成本低、制作周期短。

根据中国社会科学院新闻与传播研究所发布的《新媒体蓝皮书》(《中国新媒体发展报告（2016）》)的调查，兼具优质内容与新潮形式的H5作品越来越受到大众的喜爱。

市场上有专业的H5制作团队，假如新媒体运营者想自己动手丰衣足食，可以使用以下几款H5海报制作工具。

◎易企秀：www.eqshow.cn

易企秀是服务于移动互联网营销的在线H5场景制作工具，有上千个模板可以使用，在手机上也能完成制作，故而有"移动场景自营销管家"的称号。这款工具容易上手，基础功能完备，VIP付费服务性价比较高，但模板不算很精美，统计数据准确度一般。

◎人人秀：www.rrxiu.net

人人秀的广告文案是"三分钟制作互动展示"。人人秀编辑页面功能按钮设计比其他的H5海报制作工具更为简洁清晰，也很容易上手。人人秀率先在业内发布了地图导航、事件、艺术字体、预约调研等高级功能，并在模板精美度和动效的丰富性上处于领先地位。此外，人人秀是第一家支持PC端、手机端、iPad端等多终端适配的平台，还提供H5个性化定制、H5新媒体宣传方案策划等服务。不过，人人秀的主要业务是为电影娱乐提供高端的H5定制，个人用户H5定制业务相对逊色。

◎MAKA：www.maka.im

MAKA立足于开发简单而强大的HTML5创作工具。编辑界面有新手（有模板）和高阶（无模板）两种编辑模式，操作起来比较便捷。MAKA的模板比较精美，但数量不多，提供的文字图片样式和数据统计模板较少，高级功能不占优势，适合对功能要求不高的用户。

◎兔展：www.rabbitpre.com

"像PPT一样制作移动H5页面"是兔展的发展目标。兔展在各种H5编辑工具中最容易上手，DIY程度较高，动画实现方便。模板多样，大约有130个，但精美度一般。兔展分为免费版、体验版、VIP版，免费版只支持默认的基础功能，体验版和VIP版的性价比略低。

上述4个H5页面制作平台都采取"基础功能永久免费+高级功能按需收费"的模式，可以满足大部分新媒体运营者的H5营销需求。假如运营者希望找到丰富的模板，可以选择易企秀；若是强调设计感，则首推MAKA；若想花高价定制高品质的H5全套服务，则可以考虑选择we+。

随堂练习

请在互联网上搜索2016年口碑最好的5个H5海报,并分析这些H5海报吸引大众眼球的亮点在哪里。

H5海报名称	亮点

经验之谈

H5海报在移动社交时代的运用日益广泛。因为它简单、灵活、快捷,还能充分发挥多媒体的效果,把营销信息贯穿于多种使用场景。一篇文采斐然的"告粉丝书",往往不如H5海报那么吸引眼球、触动人心。没有H5海报的新媒体营销,会让人感觉运营者不够专业。

5. 延伸阅读：写作机器人真会代替编辑写稿吗

2016年11月14日，腾讯集团在北京国家体育场召开了一场媒体高峰论坛。在这次活动中，腾讯旗下互联网产业趋势研究机构企鹅智酷与清华大学新媒体研究中心共同发布《智媒来临和人机边界：中国新媒体趋势报告（2016）》（以下简称《报告》）。清华大学新闻与传播学院教授、新媒体研究中心主任彭兰对《报告》进行了深度解读，指出未来智媒时代将具备三大特征，具体内容如下。

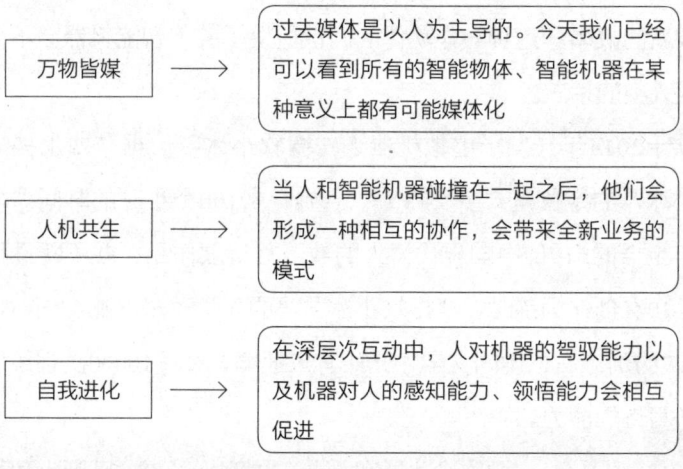

《报告》还指出了"智媒时代"的5个发展方向，具体内容见下图。

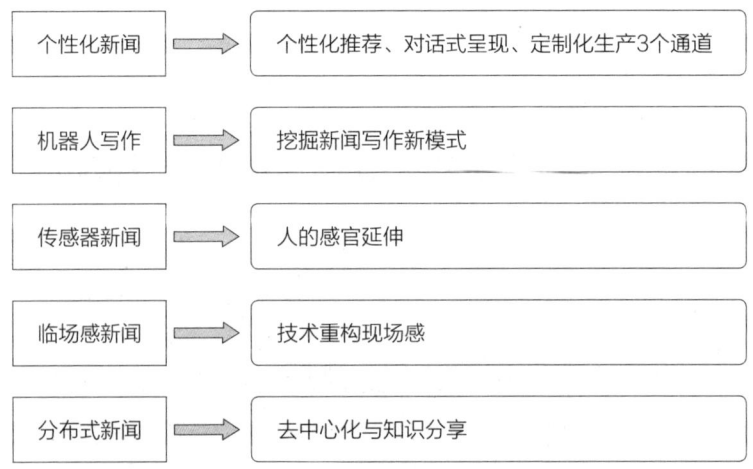

其中，最让新媒体运营者感到紧张的，就是"机器人写作"这个趋势。

机器人写作早已不是什么秘密。比如，网络小说写作软件会录入网站排名20位的小说数据，分析里面的人物、事件、线索、道具、设定等内容，然后归纳出一个受读者欢迎的套路，再把搜索到的好词和好句子装入这个套路，形成新的故事。这种写作软件的问世引发了关于智能机器会不会在写作方面取代人类的话题。

微软于2014年开发了虚拟机器人"微软小冰"。据微软工程师介绍，"微软小冰"的定位是"少女诗人"。她耗费100个小时的时间"学习"了自1920年至今的519位中国现代诗人的数万首诗歌作品，并不断进行诗歌创作。在第10次创作训练时，"微软小冰"写的句子逻辑混乱、词不达意。直到第500次的训练后，她的文字才开始有点通顺。经过10000次训练后，她才真正具备写诗的能力。

从2017年2月起，"微软小冰"在天涯、豆瓣、简书、贴吧上使用了27个化名来发表原创诗歌。她在经过大量训练后竟然形成了自己的风格、题材偏好、行文技巧,网友还以为作者是大活人。湛庐文化读过"微软小冰"的原创文字后决定推出"微软小冰"的诗集,"少女诗人小冰"的139首诗歌将被收录在名为《阳光失了玻璃窗》的诗集。这也是人类史上正式出版的第一部由机器人写作的诗集。我们正在见证历史。

总体来看,智能机器人的发展的确给文字工作者带来了巨大的冲击。比如,网络文学写作机器人可以从文学网站点击率排行榜前十名的作品中提取关键词,总结出最受读者喜欢的角色塑造模式与剧情套路,然后按照这些"最佳套路"来"创作"网络小说。不吃不喝不眠的写作机器人能利用强大的计算能力不断提取最新数据,让无数靠拼体力、抄袭创意的网络小说作者失去了竞争力。

同样的危机也在冲击广大网络编辑。智能机器人在互联网上搜索文章的速度、广度、精度都远超人类编辑。人类网络编辑原本靠拼凑的网络文章就能获得较高的关注度,但撰稿能力更强、出稿速度更快、稿件错误率更小的智能机器人能以更高的效率完成人类网络编辑所有的工作。如今的智能机器人甚至已经能够从无数经典广告中"学习"构图、配色、文案等技巧,以惊人的速度量产大批达到普通美术编辑水准的广告海报。这项能力又将淘汰一批不懂做广告海报的网络编辑。无论是传统的门户网站的网络编辑,还是微博、微信等新媒体编辑,都要面临这个日益严峻的挑战。

但是话说回来,机器人再强悍,也只是在优化人类作者创造出来的套路,还称不上是真正具有自己思想感情的创作。《中国妖怪学》的作者翮竹老师曾经指出:"当时(2015年)超级大V所带动的头部效应还方兴未艾,所有人都认为粉丝经济还可以透支很久……然而随着实名制的必然与付费模式的更迭,最终决定平台流量的还是大量有专业背景的原创型用户。"无论什么时候，具有深度创作能力和鲜明个人特色的原创作者都不会过时。

不过，尽管机器人写作有着惊人的发展速度，其写作技巧越来越成熟，超过了许多文字水平不高的人，但是跟人类顶尖作者相比还有很大的差距。最重要的是，新媒体运营者不能把制作优质原创内容的重任都丢给正在尚在发展中的机器。它们没有你那么丰富的思想感情，只是在归纳数据，选择一个优化的套路。永远不要忘了互联网上的一句哲言："多一些真诚，少一些套路。"所以，我们还是自己动脑动手吧，谁也代替不了不断进取的你。

第四章
始终跟随热点起舞的微博

> 微博有着极强的传播力度，每天都会产生很多新的热点话题，把前一天的热点冲淡。谁也不知道下一场风暴始于哪一句不经意的评论，或者哪一个无名小卒随手上传的视频。但目光敏锐的微博运营者只要一发现新的热点，就会积极参与其中，推动它成为高人气的热门话题。

1. 微博的价值不仅仅是涨粉丝

> **本节要点：**
> ◇ 微博为什么会成为强势的新媒体平台？
> ◇ 微博有哪些营销价值？

微博刚问世的时候，大家只把它当成是一种特殊的博客，根本没想到这种新媒体平台会冲击很多传统产业，又让一些传统产业插上了"互联网+"的翅膀。微博能演变成新媒体营销的主要平台，与其自身的特点有关。

第一，微博平台本身采用了多媒体技术，可以以文字、图片、视频、音频等形式发布内容。

第二，在各种互联网平台中，微博是发布信息最便捷的，能让营销者节约很多时间和成本。

第三，无论内容多么复杂的微博，都能被一键转发，这使得微博能在短时间内很快获得惊人的转发量。

第四，微博的信息是通过博主的粉丝来扩散的，容易通过裂变式传播产生广泛的影响力。

上述四大特点使得微博成为一个便于操作、成本低、传播力度大、能兼容多种应用、利于与用户产生密切社交关系的优良营销平台。微博作为一种社交媒体，最大限度地把品牌运营者与广大粉丝凝聚在一起，让营销活动变得更为个性化、精准化。故而微博营销几乎占据了新媒体营销的半壁江山。

不少自媒体把微博当成了增长粉丝的工具，其实微博的营销价值远不止这些，还包括以下几个方面。

◎广告宣传

移动互联网让人们形成了随时用手机看社交媒体上的消息的习惯。这使得社交媒体上发布的信息比传统宣传渠道的曝光率更高。产品用户和潜在客户从企业官方微博上看到广告的概率比在企业官方网站上要高得多。这无疑大大提高了广告宣传的力度。

◎市场调研

微博在营销领域的异军突起并不意外。它原本就是类似Twitter（推特）的社交媒体，主要用来跟其他网友进行深度交流。运营团队可以利用微博的互动功能来完成产品的市场调研工作。比起传统的街头走访和网上问卷调查，微博成了运营者、产品设计师与产品用户沟通用时最短、最便捷的渠道。这使得微博运营团队能轻而易举地一次采集大量的用户数据，形成比较准确的市场调研报告。

◎品牌塑造

由于新媒体平台逐渐成为人们的主要信息来源，因此企业的品牌形象与其新媒体平台的形象直接挂钩。企业官方微博本身就是一个人格化的品牌。成功的微博运营能让广大用户把企业官方微博视为生活中不可缺少的朋友。这也使得企业品牌形象更加深入人心。

◎客户服务

许多用户习惯在官方微博的评论栏里留言，因为这比给公司客服打电话省钱、省力、省时间。这样一来,微博也就变成了天然的客服平台。运营者可以在第一时间发现用户在网络上表达的不满意见,及时回复并跟进,避免对方把负面影响扩大化,提高用户的满意度。

◎危机公关

新媒体时代的舆论环境十分复杂,一个不起眼的纰漏就会让企业积累多年的名望一夜扫地。在传统媒体领域,企业的危机公关更多是跟报社、电视台搞好关系,封锁不利消息。这一招在人人都是自媒体的今天难以奏效。通过官方微博来发布声明,开展危机公关活动,是现代企业运营的一项重要工作。

经验之谈

微博最初只是自娱自乐的新媒体平台,刚开始的时候大家只是将其视为一种特殊的博客。谁也没想到,微博竟然成为新媒体时代的宠儿,甚至颠覆了传统的互联网营销模式。而门户网站、贴吧、博客等传统互联网平台在微博的冲击下,昔日的辉煌已经不复存在。

2. 运营微博，离不开内外双系统

> 本节要点：
> ◇什么是微博运营的内系统？
> ◇什么是微博运营的外系统？

不少企业和其他单位都不太重视微博，只是随便打发一个人兼任微博编辑。结果这些"临时工"普遍缺乏认真做好新媒体品牌的积极性，甚至会借着官方微博账号到处惹是生非，于是企业的公众形象很快臭名远扬。有一点必须明确，微博运营不只是让专人使用一个账号发布信息就完事了，这是一项系统的工程。你投入多少心血，微博才会回报多少价值。假如想让你的微博平台变成业内称赞的榜样，就离不开内外两个系统的配合。

◎微博运营的内系统

微博自身的运营体系即是其内系统。通俗地说，就是微博运营团队。微博基本的运营工作包括以下9个方面。

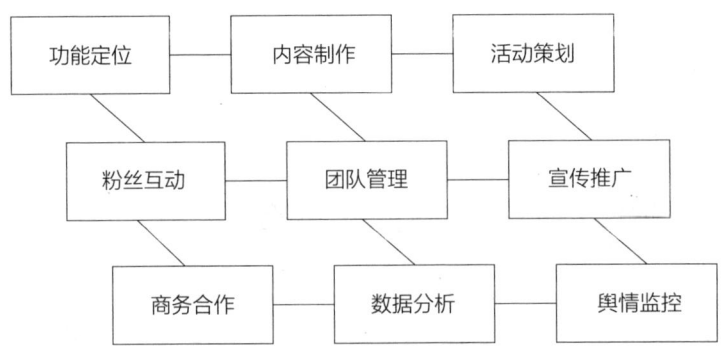

这9个方面的工作全部丢给一个人来做，他就算天天从上午9点干到晚上10点都忙不完。所以，公司刚开始会采用员工兼任微博编辑的办法救急。但随着组织规模的发展壮大，成立专门的微博运营团队势在必行。因为严密的团队分工协作可以减少微博运营的失误，编辑轮流值班可实现无死角宣传。没有相对完善的内系统，微博运营永远无法达到专业化水平。

◎微博运营的外系统

新媒体编辑团队是微博运营的内系统，公司其他部门则属于微博运营的外系统。假如微博运营团队无法获得公司资源的支持，那么是无法充分展开工作的。某些公司常犯的错误是把微博运营团队当成一个打下手的被动执行者，在营销活动策划阶段不与运营团队共同商量，而是把拟定的营销计划直接丢给他们做；而微博运营团队把收集到的用户反馈数据传给客服等部门时，其他部门也不积极配合工作。到头来，粉丝天天在微博评论区发帖责骂，不明情况的高层领导只知道指责微博运营团队安抚不力，殊不知，这是整个微博运营外系统的问题。

假如微博运营外系统运转良好，微博运营内系统将获得足够的技术、资源、人力支持，能够更快捷地处理用户的反馈意见。互动性与便捷性是新媒体营销的生命,想要受大众欢迎就必须做好这两点。为此,企业应当加强内外两个系统的建设,让微博运营真正实现良性循环。

经验之谈

微博运营的内外两个系统是共同发生作用的,就像鸟之双翼、车之两轮,缺任何一个都无法实现良好的营销效果。内系统建设需要解决的是运营团队自身的问题,外系统建设重在寻找资源支持。新媒体运营是创意和资源的深度整合,成功与否取决于内外系统的兼容程度。

3. 微博运营的5个常见误区

> ☞ **本节要点：**
> ◇ 微博运营的常见误区是什么？
> ◇ 如何克服这些运营误区？

比起钻研成功案例，研究失败案例更能让微博运营者学到东西。如果我们能避开微博运营的常见误区，就算不能一飞冲天，至少也能保持不败的局面。总体而言，对微博运营危害最大的5个误区如下。

◎ **营销信息展示碎片化**

一切新媒体工具都有其长处和短处。玩微博的朋友都会注意到，微博平台上的戾气越来越重，任何一个细微的分歧都可能引起群体混战。而在其他新媒体平台上，人们的情绪化指数相对低一些。这是因为微博上的信息呈碎片化，非会员用户只能发140个字的内容，会员用户才能发几千个字符的内容。假如不以长微博或长图片形式来发言，我们只能用短平快的话语来表达自己的心情，而无法像在博客上打字时那样字斟句酌、深思熟虑。这导致运营者发布的信息不完整，容易被用户断章取义。

微博上的产品推荐大多也是短平快的碎片化信息。运营者可以像聊天一样跟用户进行互动讲解，但不可能做到逐一回复所有的提问。而微博用户往往懒得自己去搜索你已经发过的信息，总是希望别人给现成的答案。运营者在重复回答的过程中会越来越恼火，工作积极性会被挫伤。

※应对策略：

（1）利用"一图流"的表现形式来宣传完整的营销信息。

（2）用视频教程等可视化手段来全面展示产品信息。

（3）当用户发生断章取义式误解时，及时进行"科普"。

（4）短平快内容与深度内容交替展示。

◎把微博平台作为唯一的营销渠道

营销活动法无定法，不拘泥于单一的渠道。新媒体时代的营销更不该局限于单个渠道，把微博平台视为唯一的宣传阵地。微博的信息传递速度快，影响范围广，但不玩微博只逛淘宝的网友并不会了解到微博上的消息，除非有人特意转发给他们。假如运营者只使用微博这一单一渠道，营销信息就无法传递给非微博用户。那些被忽视的大量潜在客户很可能被其他同行竞争者挖走。

※应对策略：

（1）使用第三方登录方式在其他网络平台上传播微博内容。

（2）与其他网络平台联合举办线上活动。

（3）在其他网络平台上发布带有微博网址链接的图片。

◎对微博发布内容漫不经心

很多运营者看着自媒体用一两句话就能引发粉丝狂欢，于是把微博平台变成了聊天平台，天天与用户互动，但不太在乎发布内容的质量。应该说，会聊天是新媒体运营者的一项重要技能，但需要明白的是，跟用户聊天是一回事，能满足用户对优质内容的需求是另一回事。用户并不缺少能聊天的朋友，而且他们的朋友比你更懂得怎样哄他们开心。你在微博上发布的优质内容才是核心竞争力。

微博发布内容不贵多而贵精，最重要的是有内容。微博用户习惯碎片化阅读，喜欢短平快的微创意，喜欢能引发同理心的东西。微博运营者必须用心写出受大家欢迎的东西，这样才能真正获得"真爱粉"。

※应对策略：

（1）发微博前想一个有趣、好玩的创意来带动用户的互动热情。

（2）尽可能在帖子里把所有的信息都表达清楚，不要缺漏重要信息，以免让大众产生误解。

（3）注意标点符号和修辞手法的合理运用，不要把帖子写得像文盲写的一样。

（4）发帖的语气不可过于生硬，以免招致大众的反感。

◎认为每天发帖就算完成运营任务

这种观念在不少兼职运营者中非常流行。他们对新媒体营销工作缺乏足够的热情，不会像使用自媒体那样思路活跃，只是在机械地完成团队规定的每日发帖指标。事实上，每天发帖并不意味着这个新媒体平台足够活跃。运营者每天发几张自拍，转一段"岁月静好"之类的心灵励志话语，只不过是在完成发帖任务，但这些帖子显然跟需要推广的产品或服务毫无瓜葛。

每天发帖自然是微博运营者必不可少的基础工作，但发帖之后的配套行动同样重要。当网友转发或评论了你的最新微博时，你应该选择一些精彩的评论进行互动，把气氛活跃起来。新媒体重视流量，而这种做法无益于增加流量。假如发完帖后万事不管，网友们的讨论兴趣就会直线下滑。运营者不可对此荒疏懈怠。

※应对策略：

（1）围绕关键话题反复与网友进行互动。

（2）当发出的帖子无人问津时，运营者要主动讨论，以引起大家的注意力。

（3）对网友的精彩评论要转发出来予以表扬，让彼此都能增加点击量。

（4）微博运营团队成员应该安排好不同时段的分工，以确保平台能全天候活跃。

◎片面追求流量，而不顾实际的宣传效果

这是微博运营中一个极为严重的误区。不少运营者怀着"一切向流量看齐"的观念来运作新媒体平台，不问过程和手段，只求表面数据好看。就实而论，许多新媒体运营团队的考核标准就是由转发数、评论数、点赞数以及粉丝增长数等构成的流量数据。虽然大数据思维对微博运营很重要，但是只管流量而不顾其他是个严重的错误。

在微博的生态环境中，"僵尸"号、抽奖专业户、"水军"账号大量存在。比如，新浪微博的许多会员每天都会收获数量不等的"僵尸"号，粗心的用户还以为自己一夜之间多了一大堆粉丝，其实真正的粉丝没几个。

此外，有些签约自媒体为了达到每月上百万的流量，故意发一些挑事的内容，引发微博平台上的群体骂战。这种以煽动对立情绪为核心的手段虽然能在短时间内赚取惊人的流量，而且比正面的优质内容更容易成为热门话题，但是这无助于提高微博内容的质量，并会加重微博平台的戾气，不过是一种竭泽而渔的伎俩。

※应对策略：

（1）以提高真正粉丝率为目标，不要只看表面的粉丝数。
（2）定期清理"僵尸粉"和"水军"号。
（3）不要用故意挑事的方式制造网络群体分裂，小心事态失去控制。
（4）通过"@某人"或其他积极的方式来争取更多的粉丝。
（5）提高发帖的质量与评论水平，让微博的品牌形象与推广信息真正发扬光大。

随堂练习

请写下你最近在微博上看到的5个热门事件，并梳理一些有代表性的各方观点。

热门事件	正方观点	反方观点

经验之谈

微博运营者不应该产生"微博万能论"的错误观念。微博固然是新媒体平台中的佼佼者之一,但远远不能独霸天下,依然有渗透不到的传播死角。新媒体的精神是更畅通无阻的信息共享,传播死角的存在意味着运营者将失去很多潜在的机遇,也许其中隐藏着新的"黑天鹅"和未来的"独角兽公司"。

4．延伸阅读："八十万官博总教头"——海尔官方微博

这句话和有关视频被网

万达老总王健林在一次访谈中说："海尔砸冰箱才几个钱，我们赔十亿多。"海尔官司博发微博称："我还真没有好好算过在车间工人三年工资还买不来一台冰箱的1985年，张瑞敏砸的76台冰箱对当初几乎发不出工资的海尔意味着什么。但我知道现在身为官博君的我为什么买不起房了。"不料，许多企业官博也纷纷跟帖说自己买不起房。

久而久之，海尔司博被网友们称为"八十万官博总教头"，海尔新媒体运营团队自己也接受了这个角色设定，以更加拟人化的方式来运营微博。

比如，"八十万官博总教头"的拜年微博见下图。

基础篇

当网友咨询空调使用注意事项时,"总教头"一面以风趣诙谐的话语耐心地讲解生活经验,一面顺手打上#自清洁再也不污#的话题标签,具体微博内容见下图。

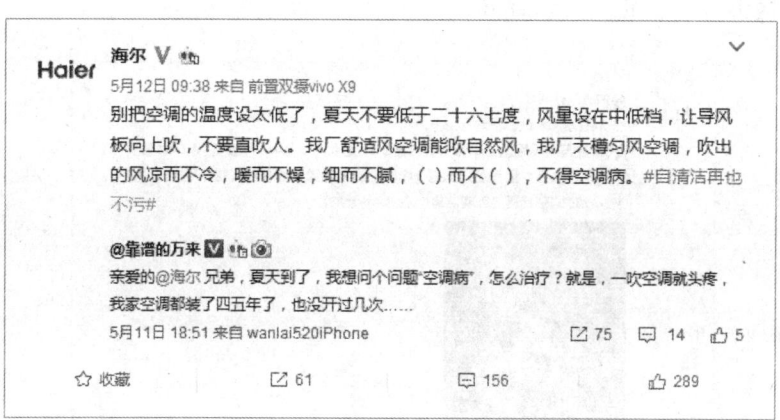

"总教头"不仅在春节发出祝福,还在国际护士节号召广大粉丝向白衣天使们致敬。@海尔医疗是海尔集团旗下的一员,跟"总教头"算是"一家人"。"总教头"的点赞和转发带动了整个海尔系新媒体的流量。

母亲节不是我国的法定节假日,但各大媒体及商家都把这天看作是弘扬孝道、歌颂亲情的好机会,发布以母亲节为关键词的话题。"总教头"也不例外,除了号召在外打拼的游子们给母亲打个电话外,还组织了转发抽奖赠送"辣妈帮"专属定制项链的活动。具体微博内容见下图。

海尔官博在不断追逐热点的过程中塑造了一个专业、热情、诙谐、平易近人的人格形象。普通网友将其视为朋友,就连其他企业官博也经常与之称兄道弟。正因为如此,海尔官博才能成为众人眼中的"八十万官博总教头",并以这个绰号行走于新媒体江湖。

第五章
把线上线下连成闭环的微信

> 微信是移动互联网浪潮中最闪耀的明星之一。它不仅以便捷的支付功能改变了很多人的消费习惯,而且让社交媒体走向了深度社交阶段。与其他互联网平台不同,微信朋友圈往往是线上线下一体化的,形成了一个天然的价值传播闭环。

1. 微信公众号家族：订阅号+服务号

本节要点：
◇ 微信公众号的主要功能有哪些？
◇ 订阅号、服务号的运营方法有哪些差异？

2016年3月发布的《微信社会经济影响力报告》显示："截至2015年底，微信及WeChat合并，月活跃用户数达6.97亿。微信凭借庞大的用户数量和会话数量，成为全球社交应用软件的领先者。"据艾媒咨询的统计数据显示，2016年中国各大自媒体平台中，微信公众号以63.4%的绝对优势领衔自媒体行业，微博自媒体平台成为用户传播的第二渠道选择，其占比为19.3%。

由此可见，强大的社交功能与支付功能让微信成为新媒体营销的一件利器。而微信营销的最主要平台就是微信公众号。

微信公众号平台最基本的功能是群发推送和自动回复。公众号通过群发推送功能向用户主动推送内容或通知，自动回复功能则能让用户根据制定关键字来获取信息。微信公众号的主要作用包括以下几点。

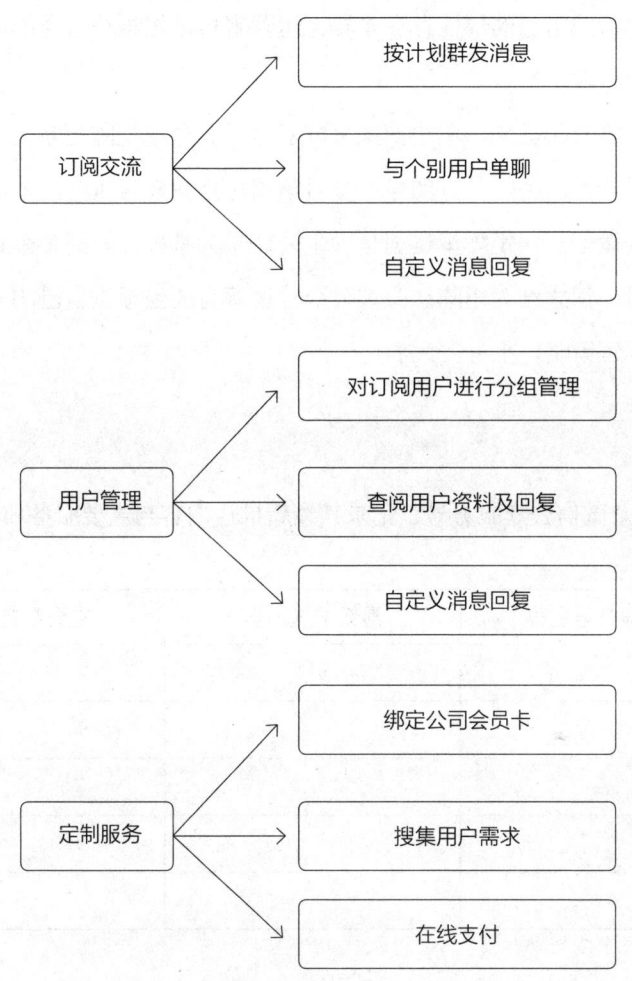

　　微信公众号主要分为订阅公众号和服务公众号两大类型。我们注册的新号默认为订阅号，可以选择成为服务号。假如你的订阅号拥有较大的粉丝基数，需要管理大量客户，提供更多线上服务，就有必要将其升级为服务号。服务号可以申请自定义菜单，用QQ登录的公众号可以改为邮箱登录。订阅号的消息会被自动收进订阅号文件夹，服务号的消息会显示在消息列表当中。订阅号与服务号的属性存在差异，运营者可以根据公众号的不同类型来推送相应的内容。

为了增强宣传效果，不少商家采取双号、多号或矩阵策略。双号策略指运营者同时开通服务号与订阅号。多号策略是指在双号策略的基础上开通运营者的个人微信号。矩阵策略则是以主公众号为基础，开通多个针对不同领域的微信号，使之结为矩阵。微信公众号运营者应当根据自己的实际情况来合理选择运营策略，不可贪大求全。

随堂练习

关注5个微信公众服务号，记录其最新推送内容与主要服务项目。

公众服务号名称	最新推送内容	主要服务项目

经验之谈

微信传播具有封闭性，不像微博那样利于迅速扩散消息。别人疯传的话题不一定会出现在你的朋友圈。不同的微信公众号承担着不一样的功能，面向的市场受众也存在差异。如果能将三者结合起来，微信运营者就能获得更多的吸引粉丝的途径。

2. 运营微信的6个意义

> ☞ **本节要点：**
> ◇ 运营微信有哪些意义？
> ◇ 微信为什么能改变人们的日常生活习惯？

微信是与手机号联系最为紧密的新媒体，这使得它成为互联网时代识别个人身份的一个重要标志。普通用户利用微信来记录生活、支付账单，商家则借此开展精准营销。任何轻视微信平台的新媒体运营者，都会损失一个重要的营销宣传渠道。总体来看，运营微信有以下6个意义。

◎ 在第一时间群发重要内容

运营者在官方微博上发送的信息会被很多人看到，但总有一些老朋友会遗漏。如果是在微信上发，就不用担心朋友们看不到了。即使他们没参与微信群对话，群发功能也可以自动完成信息推送，个个通知到位。

◎ 培育高忠诚度客户

微信操作简单、功能齐全，与移动互联网浑然一体。即使是不擅长摆弄高科技的中老年人，也非常喜欢使用微信。很多人的微信群几乎就是手机通讯录的翻版。微博属于"半熟人社交"，而微信则堪称真正的"熟人社交"。这使得微信成为商家培育高忠诚度客户的天然利器。

◎ 精准推送信息

用户关注企业微信公众号的主要目的是了解企业产品的最新动向。也就是说，他们需要的是专业、可靠、准确而有价值的信息。这些信息最好能给出令人信服的数据和一眼就能看明白的结论，以省去用户自己查阅其他资料的工夫。微信可以精准地给每一位用户推送信息，让他们在第一时间了解情况。

◎ 实现多向交流

微信的开放性不像微博那么强，和QQ群一样比较封闭。尽管如此，微信并不只是双向交流工具，而是可以实现多向交流的工具。微信为每个用户（包括商家用户）自动生成的二维码大大扩宽了营销、宣传、支付渠道。无论你把二维码放在微博签名档上，还是打印出来贴在墙上，都会有人用微信的"扫一扫"功能主动关注你的公众号或者向你转账。

◎ 深度市场调查

由于人们使用移动互联网的平均时间超过了传统的PC互联网，因此，微信平台能采集到惊人的用户数据。利用微信完成深度市场调查，也是新媒体运营者的一个重要任务。运营者一方面可以对用户数据进行大数据分析，另一方面还可以选择活跃用户，与之深入交流，这样双管齐下，就能充分掌握市场需求的变化。

◎ 即时促成交易

微信出色的支付功能使得人们越来越不喜欢在身上带大量现金了。用微信直接转账或者以微信红包的形式转账，只需要十几秒就能轻松搞定。有的消费者可能会因为支付方式不够方便而降低消费欲望。假如能一口气完成交易，他们的消费热情会提高。微信在这方面有很大的优势，应当充分利用。

总之,微信运营是新媒体营销体系中的一大支柱,有着不同于微博运营的优点。运营团队应当把微信和微博两个营销平台结合起来,最大限度地扩散自己的品牌影响力。

经验之谈

微信跟手机号挂钩,又具备在线支付功能,其易操作性也满足了中老年人的需求。哪怕不被用于做营销活动,它也是你与亲朋好友维持"强社交关系"的最佳新媒体平台。忽视微信的新媒体运营者就跟忽视微博的人一样缺乏长远目光,搁置了一个广阔的发展空间。

3. 微信运营的8个常见误区

> 本节要点：
> ◇ 微信运营的常见误区是什么？
> ◇ 如何克服这些运营误区？

微信朋友圈是新媒体营销的一个重要战场，但这种营销方式也存在弊端。朋友圈里大多都是熟人或相对较熟的人，假如营销举措不当，就容易伤害人际关系。目前，微信营销有五花八门的技法，但尚未形成系统的理论体系。我们的实践或多或少还存在一定的盲目性，需要经过不断地摸索来完善运营。不过，大家只要避开以下8个常见的运营误区，就能降低失败的风险。

◎只管涨粉而不顾粉丝质量

一个微信群里有几百个粉丝用户，听起来非常有成就感。运营者为了壮大粉丝队伍，每天在新媒体社交平台上搜索，发现兴趣相投或使用自己产品的人就加进群里，这是常规做法。但有的企业一味地增加粉丝的数量，不分良莠一并收入，此举将会让微信群里的成员结构变得复杂，争吵的声音渐渐变多，弄得大部分粉丝用户不胜其烦。久而久之，一个好端端的微信群就变成了嘈杂的菜市场，没法像最初那样正常地讨论营销内容。

粉丝的素质并不会因为数量扩大而自动提高。1个高素质的优质粉丝远比10个低素质的粉丝更有利于维护微信群的健康发展。微信运营做的是深耕细作的精准营销，质量比数量要重要得多。

※应对策略：

（1）不要增加无价值的"僵尸粉"。

（2）不要遗漏互动质量较高的活跃粉丝。

（3）平时注意维护微信群里的秩序，及时踢走惹众怒的劣质粉丝。

（4）控制好不同粉丝的对话氛围，以免大家伤了和气。

◎不经常互动，或者以错误的方式互动

新媒体营销的一大禁忌是不与粉丝进行互动，因为这违背了新媒体与生俱来的社交属性。微信作为典型的新媒体平台，更要注意提高互动水平。如果没有互动，粉丝就不会了解你的产品、服务和文化价值观，也就难以产生信任感。微信运营的目标是把粉丝转化为实实在在的客户，让他们愿意自发地帮助运营者推广营销信息。而没有互动就无法建立情感纽带，谁也不愿意帮你一把。

不少企业使用聊天机器人与粉丝互动。此举固然能让粉丝感到新奇，但并不能取代人与人之间的交流。因为聊天机器人的智能化程度再高也无法涵盖人类的思想情感。而这恰恰是构建深度社交关系的基础。那种把一切互动工作丢给聊天机器人的想法会让运营者越来越脱离群众，迟早会让微信群失去活力。

※应对策略：

（1）每天与粉丝保持一定频率的互动交流。

（2）互动不在于话多，而在于及时回复，产生共鸣。

（3）真诚是互动的第一要诀，不精不诚不能动人。

（4）合理利用聊天机器人，不能过分依赖。

◎微信订阅号使用不当

微信订阅号能充分反映出运营者的思想深度与内容制作水平。很多微信用户可能不爱聊天，但非常喜欢阅读订阅号的内容。这些"沉默的大多数"实际上对营销信息的推广有很大的贡献，只是他们不说的时候你不知道而已。试想，假如没有订阅号的话，他们天天在微信群里看着别人胡吹海侃时会感到很无聊，然后默默点下"删除聊天记录并退群"的功能键。

目前，订阅号运营的最大问题就是发布内容的品质不高、粗制滥造。这是由于运营者四处抄袭，导致同质化信息泛滥。这使得用户不仅产生审美疲劳，而且注意力被进一步稀释，很难持续关注深度信息。由此造成的结果是粉丝增长速度慢，订阅号的传播效果非常有限。

※应对策略：

（1）认真撰写订阅号的内容，不要照搬别人的东西，而要提供原创精品。

（2）在订阅号上投入足够的精力和资源，从而形成一个与读者群体一体化的品牌。

（3）订阅号与微信朋友圈进行联动，让两者形成微信账号矩阵，相互配合。

◎过度推送营销信息

这是微信朋友圈里最尴尬的现象。大家最初建立这个群,主要是因为兴趣爱好(专门的工作群除外)。在社交媒体发达的今天,人们需要一个没有外界干扰的比较封闭的小圈子说悄悄话。朋友圈的建立是基于对好友的信任,其中也包括开展新媒体营销的商家。有些运营者认为,只有提高营销信息的曝光度,才能更好地把朋友圈里的好友转化为老客户。殊不知,这个观念恰恰会在运营者与好友之间制造裂痕。

运营者隔三岔五地发布营销信息,效果就跟你看视频节目时经常弹出来的小广告没什么两样。大家开始还能容忍,时间久了就渐渐不耐烦了。在朋友圈里用营销信息刷屏,并不符合新媒体营销的互动原则。与用户互动需要感情上的沟通,建立信任关系,在此基础上才能促成交易。过度推送信息会破坏互信机制,让他们对你冷血无情。

※应对策略:

(1)平时多跟朋友圈里的好友联络感情,就像普通朋友一样聊天。

(2)在沟通中找出他们的需求点,然后激活他们的热情,使他们将你视为可以信赖的专家朋友。

(3)重点选择其中需求比较大或比较急迫的人进行精准营销,提高用户转化率。

(4)不要在朋友圈过度刷屏,剥夺别人的发言机会,打扰大家的日常沟通氛围。

◎胡乱编写内容

营销信息主要包括产品介绍与企业价值观宣传。这些信息只有足够准确和专业，才能令人信服。遗憾的是，不少微信运营者在朋友圈里推送产品信息时忽略了这一点，只是模仿其他微商那种插科打诨的风格来随意编写内容。他们以调侃的语气来吹嘘自己的产品或者贬低别人的产品，却没有把产品的特色、优点讲透。尽管行文花哨、辞藻华丽，但是用户最关心的基本问题没真正讲清楚。没有案例，也没有证据，光凭运营者的一面之词，用户自然不会太信任。

产生这种误区的主要原因是微信运营者急于完成工作内容，而不太在意用户的真实想法。事实上，用户想了解的是产品的方方面面，而不是阅读一篇生动幽默的调侃文章；否则，他们大可以去专门阅读搞笑故事，而没必要从产品说明里寻找笑点。运营者对内容制作的不负责态度，是当前新媒体平台发布内容质量越来越糟的根本原因。

※应对策略：

（1）认真了解客户的需求和想法，在介绍产品时围绕这些东西编写内容。

（2）把改善用户体验作为一项重要的运营工作要求。

（3）一旦发现用户的需求痛点就马上组织力量来改进。

（4）必要时可以让用户参与到产品的设计过程当中。

◎让朋友圈成员的注意力更加分散

在新媒体平台中，微信朋友圈有着自己的天然优势。首先，它的信息发布次数不受限制；其次，信息发布成本几乎为零；最后，它可以通过一键式转发来传播信息，操作简单而快捷。微信平台的这些优势使其受到运营者和用户的普遍欢迎，但同时也容易造成过度营销，让大家的注意力更加分散。

由于很多人都喜欢在微信朋友圈里分享自己感兴趣的信息,因此朋友圈里往往会出现社交性转发泛滥的现象。大家被源源不断的新信息分散了注意力,微信营销深耕细作的优势就无从充分发挥。而且此类转发本质上是拿自己的信用给别人做推广,假如推广信息不实,转发者的信誉就会下降。这对微信运营者不是什么好事。

※应对策略:

(1)明确微信朋友圈的基本原则是聚集用户注意力,尽量让他们把关注点放在你这边。

(2)谨慎地推荐别人的微信号,不要转发过滥,以免无节制地浪费你和其他人的注意力。

(3)通过激发情绪等方式来吸引大家的注意力。

(4)集中推广信息,利用主题活动来形成互动闭环。

◎微信宣传手法单一化

把微信朋友圈当成发布小广告的公告栏是最错误的做法。微信运营者应该明白,朋友圈里最让人信服的是一个人的个人魅力。他们只要认可了你的个人魅力,就愿意接受你推送的营销信息。而单纯地发布产品广告,无法树立运营者的人格形象,个人魅力也就无从谈起了。用户自然也不会信任你,更不会把你作为满足消费需求的主要渠道。

虽然运营者在朋友圈里是以新媒体品牌而不是个人身份出现的,但是这并不意味着他们不能展现自己的个性。新媒体营销需要推广的是运营者的社交形象,而不仅仅是工作形象。单一化的宣传手法远不能满足用户的需求。因此,运营者可以把单调无趣的产品广告改编成趣味内容或趣味活动,用富有人情味的营销手段来打动对方。

※应对策略：

（1）设计自己的拟人化品牌形象，按照相应的个性风格来与朋友圈里的众人互动。

（2）舍弃死板的传统广告文案，用故事营销、情感营销等方式来推广产品信息。

（3）碎片化的互动与完整的内容发布相结合。

（4）努力成为朋友圈里的社交明星，让大家都喜欢你、信赖你。

◎盲目开发新的功能

微信的功能越来越丰富多样。不少运营者为了促进营销，不断地开发新的功能，比如微社区、微留言、微投票等。运营者看到别人新推出什么功能，自己就立马跟风开发同类功能，唯恐落后于人。然而，这恰恰是一种盲目的决策。

并不是所有的微信平台都适合应用某些新功能。微信营销的一大原则是便捷性。用户希望从你这里快速、便利地获得他们想得到的东西。如果微信运营者开发一大堆功能，那么只会让用户的注意力更加分散。就算用户刚开始时有点新鲜感，时间一长也会觉得大多数新功能都用不上，根本就是浪费，于是，辛辛苦苦开发的新功能就失去了意义。

※应对策略：

（1）不要盲目跟风开发新功能，只开发用户真正用得上的新功能。

（2）坚持选择正确的营销路径，弄清用户需求和自我定位。

（3）及时收集朋友对产品使用体验的反馈意见，改进不足之处。

（4）保持微信平台的精简，去掉用户不感兴趣的新功能。

随堂练习

对照上述8个常见误区，看看你在运营微信时存在哪些问题，然后在网上搜索5个可供学习的微信营销榜样。

存在的问题	学习榜样

经验之谈

"逃离朋友圈"已经成为微信用户中的常见现象。微信朋友圈天然的强社交关系会让群里各个用户对其他人产生更深刻的认识，观念分歧会被放大。当运营者发布的内容不合其他群友的胃口时，对方要么用"消息免打扰"屏蔽你，要么先跟你吵架再退群。这就很尴尬了。

4. 延伸阅读：刷爆朋友圈的YSL星辰口红

  2016年10月，YSL星辰口红突然刷爆了朋友圈。许多女性朋友热烈地讨论星辰口红的相关信息，其中一群人发图展示自己男朋友送的星辰口红，另一群人则抱怨自己的男朋友不如别人家的男朋友贴心。随着星辰口红的话题越来越热，女孩子们讨论的焦点又拐向了"直男根本分不清口红的差别""直男不解风情"等方向，于是很多男士也纷纷关注星辰口红的情况。

  YSL星辰口红是法国奢侈品品牌圣罗兰在2016最新推出的圣诞限量系列产品，一共分为6种颜色。

  一套完整的YSL星辰圣诞限量系列全家福包括6款方管口红、1款明彩笔、1款多功能盘、2款指甲油和1款粉饼。

  在这一轮营销活动中，全球各地的YSL专柜门店几乎全部卖断货。

  女性朋友们在朋友圈里讨论圣诞限量系列星辰口红，不断扩大话题的内涵和外延，从而将口头讨论转化为实际的消费行动。新媒体的互动性有利于企业制造热点话题。如果能在微信朋友圈里形成一个话题，引起消费者的攀比和模仿心理，就能获得超乎想象的收益。

  YSL星辰口红这次新媒体营销充分利用了两点：一是以圣诞节限量款商品的"稀缺性"来激发女性消费者的焦虑感，形成饥饿营销的态势；二是成功地利用了女孩子们对男朋友不理解自己喜欢高档化妆品的抱怨心理，在社交媒体上制造新的热议话题。

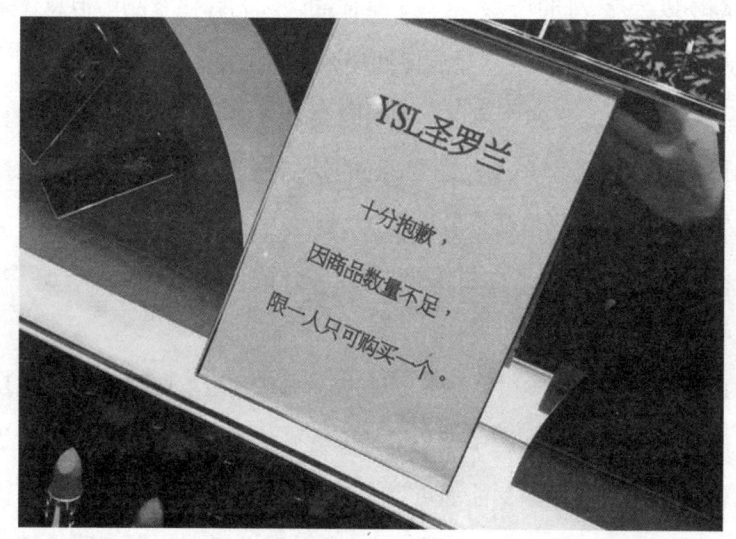

比如，"小位奇葩问"栏目主编小位在朋友圈里发了男朋友帮买的YSL星辰口红的照片，她的粉丝开玩笑说："女神，好想问下你们，这种一言不合就送口红，一言不合就发红包的男朋友要到哪里找？结婚的时候民政局会发吗？需要排队吗？这样的男朋友给我来一打！"然后，又有人在评论里出点子说："叫男朋友送YSL星辰口红，看看他是什么反应。"

于是，很多女网友就纷纷试探自己的男朋友。如果男朋友愿意买，自己就在网上秀个恩爱；如果男朋友不愿意买，就找其他姐妹抱怨男朋友不关心自己。随着越来越多的女性消费者参与YSL星辰口红的话题，原本不了解这款化妆品的男性消费者也产生了强烈的好奇心，想弄清楚这款口红到底有什么魔力迷住那么多女性。而众多网络代购商家也纷纷进货，想借助话题热度来做生意。各方在新媒体上不断互动，让圣诞节限量款YSL星辰口红迅速在互联网上走红。

其实，YSL星辰口红并不是唯一圣诞节限量款彩妆产品。有些消费者对这股热潮不以为然，向其他人推荐了其他的国际名牌化妆品。但总体来说，其他产品的营销效果不如YSL星辰口红那么突出。

YSL星辰口红的知名度与色彩度跟同类高端化妆品相差无几，但它在包装上的设计超出其他竞争者。星辰口红的外壳管身为星砂材质，用金粉表面做了封层，膏体的侧面也刻有星星图案。这些星星图案设计巧妙，在消费者使用口红后也不会消失。华丽的外包装与膏体的可爱图案大大增加了YSL星辰口红给受众的印象分。

除此之外，YSL星辰口红还充分借助了明星效应。热播韩剧《来自星星的你》的女主角全智贤在剧中使用了YSL圣罗兰52号色口红。她的唇妆被称为"星你色"，引发无数女性消费者的追捧。我国演员林更新在一个微博视频中说："原来口红那么便宜，那为什么要说女生败家？"他眼中"这么便宜"的口红是YSL12号色口红。这款口红号称"传说中的斩男色"。看到这个视频的女网友顿时情绪不淡定了。

YSL星辰口红的营销团队非常懂得女性心理，新媒体营销策略也是站在女性的立场上说话，鼓励所有爱美的女性用更好的化妆品把自己打扮得漂漂亮亮的。所以，这款口红才能从众多同类商品中脱颖而出，成为新媒体话题营销的主要道具。同类商品没能搭上两性热门话题的快车，错失了挖掘大量新客户的机遇。

第六章
方兴未艾的其他新媒体

> 除了微博和微信这两大新媒体平台之外,其他新媒体也在蓬勃发展中,并借助智能手机、微博、微信等平台茁壮成长。APP应用、新闻客户端、微电影、短视频、直播平台等都是能以小博大的新媒体营销工具。新媒体运营者应当善加利用才是。

1. APP：将推广内容植入新媒体移动端

> **本节要点：**
> ◇ APP应用为什么对用户的吸引力那么大？
> ◇ 怎样通过APP应用来推广内容？

APP应用天生自带游戏机制，这将从内部激发人们的兴趣。人人都希望获得成就感，游戏机制能切实证明人们的进步。每打通一道游戏关卡或者游戏等级升了一级，都会让人们感觉良好。人们关心的不只是自己做得怎么样，还在乎自己的成绩跟别人相比的结果如何。为此，大家会向其他人推荐自己喜欢的APP应用，然后与亲朋好友谈论它们，借此炫耀自己的成就。而在这个过程中，APP应用的品牌信息也实现了接力式传播。

参考案例

瑞典宜家推出了一款名为IKEA Now的APP应用。用户可以在这款APP上"设计自己的家"，选择卧室、客厅、厨房或者书房，再从宜家家具中选择自己喜欢的款式放在虚拟客厅或书房里。

玩这个虚拟房间布置游戏APP的不一定都是宜家家具的消费者，但大多数人都有亲手设计自己的家这个梦想。用户在现实中可能受制于多种因素，没法把家居环境完全布置成自己最喜欢的个性化风格。但在APP应用中，他们只要轻轻点击、滑动手指，就能轻松地创建出丰富多彩的自定义家居环境布局。宜家还设置了有奖投票，让广大网友选出自己认为最棒的家居环境布局。

用户通过APP应用可以了解宜家最新推出的产品，在智能手机上顺便完成一部分产品体验。在用APP设计好自己中意的家居环境布局后，他们也就明白自己需要预定什么样的产品了。这种利用APP的个性化定制来传播品牌的策略，进一步提升了宜家的口碑，并且一举打通了会员营销、产品体验与服务体系。

APP营销的4个阶段

◎新产品上线前期

本阶段的核心任务是确定产品定位与市场受众。运营者把这两个问题弄清楚了，才能设计出合适的APP产品。营销部门与产品部门要齐心协力制订出符合APP特点的产品上线计划。

◎新产品内测期

本阶段的重点是运营者收集足够的用户行为数据和反馈意见，以便优化产品设计。主要的关注点包括页面路径转化、按钮点击、启动次数、启动时段、停留时长等。数据并不是越多越好，关键在于真实。

◎新产品推广期

经过前两个环节后，APP应用产品就可以开始大规模推广了。本阶段的主要目标是扩大影响力，迅速增加大量新用户。而传播面要覆盖各个主要营销渠道，尽可能让更多的潜在用户看见。

◎产品成熟期

这个阶段的APP应用推广已经过了高度增长阶段,数据会保持在一个相对稳定的范围内。本阶段的主要目标是加强营销力度,组织多种营销活动,通过设置增值服务来创收。

随堂练习

请写下你最喜欢的5个APP应用,无论什么类型都可以。假如没有,现在就去搜索一下。然后,写下喜欢这些APP应用的理由。

APP应用名称	喜欢的理由

经验之谈

随着移动互联网的飞速发展,APP应用在未来会变得越来越广泛。很多用户此前并没关注或接触过某类信息,但会被包含该类信息的APP小游戏所吸引,并在娱乐的过程中逐渐产生更多的好奇心。APP应用的多样性和趣味性使其天生具有强大的吸引力和传播力。这是一种以小博大的优良营销工具。

2. 新闻客户端：赢得比纸媒更多的阅读量

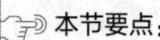本节要点：

◇新闻客户端的现状如何？
◇新闻客户端未来的发展前景如何？

中国社会科学院中国舆情调查实验室于2015年10月在20个城市中对2000个人进行了抽样调查，调查表明，77.4%的受访者几乎天天用手机看新闻，17.8%的人每周会多次用手机看新闻，2.8%的人每周至少用手机看一次新闻。也就是说，手机已经成为中国老百姓获取新闻信息的重要平台。据《2015年基于新媒体平台的中国新闻传播：用户行为及发展状况》调查表明，新闻客户端是人们的首选渠道。具体统计数据如下。

手机上网获取新闻的渠道	在受访者中的比例
新闻客户端	68.3%
通过浏览器访问网页	57.8%
微信朋友圈	48.3%

续表

手机上网获取新闻的渠道	在受访者中的比例
微信公众号	45.0%
微博	35.3%
手机报	21.30%
和朋友通话或短信	20.0%
其他	0.2%

　　同一个人往往会通过不止一个渠道来了解信息，但新闻客户端已经成为广大移动互联网用户的首选。

　　新闻客户端分为综合性门户网站的新闻客户端、企业的新闻客户端、媒体行业的新闻客户端三大类型。综合性门户网站的新闻客户端以新浪、腾讯、网易、搜狐为代表，91.8%的受访用户将其作为了解最新消息的首选渠道。企业新闻客户端以今日头条、果壳、知乎、海尔、杜蕾斯等为代表，73.9%的受访用户经常或有时从这里了解新闻。媒体行业的客户端以中央电视台、《环球日报》、新华社等为代表，58.9%的受访用户经常或有时浏览媒体行业客户端发布的新闻。由此可见，综合性门户网站依然是人们心中的主要消息集散地。

　　据调查表明，88.6%的受访用户曾经在手机上下载过新闻客户端。耐人寻味的是，56.1%的受访用户拥有少于3个新闻客户端，39.5%的人拥有3～5个。这说明大部分客户不会只使用单一的客户端，新媒体运营者有望让自己的用户增加新的客户端。

　　绝大部分媒体都拥有一两个微信公众号、一个官方微博、一个客户端。所以《新媒体蓝皮书》把微信、微博、新闻客户端称为"两微一端"，三者可以说是新媒体营销最核心的平台组合。新闻客户端一度存在定位不清、原创能力不足、专业人才稀缺等问题，但从2015年开始逐渐走向专业化、规范化的发展道路。

随堂练习

请写下你常看的5个新闻客户端，并分析这些媒体的运营特点。

新闻客户端名称	运营特点

经验之谈

新闻客户端为传统媒体带来了新的生机，但这并不意味着传统纸媒会就此走向衰亡。因为，新闻客户端的内容依然是媒体使用传统的新闻采集及加工方式制作而成的，只是换了一种表现形式而已。电子阅读器再发达，纸质书报也有不可替代的优点。实体出版物和数字媒介都是新媒体运营者扩大影响力的支柱，不可厚此薄彼。

3. 微电影：有品质才能让用户记住你

> 📖 **本节要点：**
> ◇ 微电影为什么会在新媒体时代兴起？
> ◇ 微电影的宣传策略有哪些？

首先要说明的是，微电影无法完全取代大电影。两者的制作思路、制作方式、制作成本相去甚远。但对于追求短平快娱乐的移动互联网用户来说，几分钟到半个小时长度的微电影能在各种碎片时间里欣赏，大电影却只能专门找整段时间来看。显然前者更容易满足我们日常的观影需求。各种解读电影的短视频之所以日益火爆，也是因为这个情况。

微电影的投资不大，制作周期短，传播内容不长，但创作者多是专业影视团队。相对于短视频，微电影拥有更完整的故事剧情，能更好地传达营销内容。它可以利用各种新媒体平台进行传播，用户通过视频网站的"弹幕"功能可以对微电影发出短评，故而微电影在传播过程中具有双向性和互动性。

参考案例

中老年奶粉一直是雀巢集团的重要产品。为了促进销售，雀巢推出了一部12分钟的微电影《老爸来了》，主角是北京开心麻花娱乐文化传媒股份有限公司的舞台剧演员沈腾。这部微电影的主题是"微孝"。"微孝"指的是"微小的孝顺"，即敬孝双亲从点滴的小事做起。如今，有很多年轻人远离家乡在外闯荡，没有时间陪伴父母。这部微电影就以此为切入点，讲述了一个男主角重新认识父子亲情的故事。

微电影《老爸来了》打动了许多观众。雀巢集团与"开心麻花"以此为契机展开了进一步的联合营销。观众在活动期间去剧院观看"开心麻花"的话剧，就能凭门票领到雀巢产品。此举拓宽了雀巢中老年奶粉的销售渠道，也扩大了"开心麻花"的影响力。

新媒体的多元化发展为微电影的制作和传播提供了广阔的舞台。微电影已经成为企业新媒体营销的重要营销手段。运营者可以根据自身需要对微电影的内容进行集中展示，选择最佳的上线时间与合适的播放平台来吸引观众。此外，运营者应该淡化广告意识，把微电影制作得更有内涵，这样才能引起观众的共鸣。

随堂练习

请写下你最喜欢的5部微电影，并分析这些微电影有哪些优点和缺点。

微电影名称	优点	缺点

续表

微电影名称	优点	缺点

经验之谈

　　作为新兴事物的微电影尚在发展初期,很多地方并不成熟。目前的微电影产业不像大电影那样通过节目本身来实现盈利,更多时候是靠植入广告和赞助商的支持。比如,百事可乐公司拍摄的一系列微电影本质上是广告片,但是这些广告片像电影一样讲述了一个完整的故事。在一定程度上,微电影靠的是吸引赞助商来维持发展,而不是直接吃粉丝经济的红利。

4. 短视频：小创意引爆大流量

本节要点：
◇为什么短视频容易引发热门话题？
◇短视频内容创作呈现的趋势如何？

清博大数据在《咪蒙被碾压！短视频才是自媒体吸金变现的终极渠道！》一文中对比了不同自媒体的刊例价（指每家媒体官方根据媒体的知名度、发行量、发行区域等因素制定的对外报价）。情感心灵类公众号"二更食堂"的多图文次条刊例价高达46.8万元，多图文头条刊例价更是达到了130万元，占据了自媒体刊例价的首席。以一年圈粉几百万著称的现象级个人自媒体"咪蒙"的多图文头条刊例价则是78万元，名列自媒体刊例价排行榜的探花。

"二更食堂"是以拍摄小而美的短视频起家的。排行榜的榜眼是娱乐影视类公众号"二更"，"二更"与"二更食堂"都是二更文化旗下的新媒体平台，可见短视频的冲击力比我们想象得更大。

参考案例

　　二更最初是个商业视频机构，从2014年11月开始了短视频大业。被誉为"短视频领域的爆款机器"的二更，一面致力于平台化发展，一面专注于制作好内容。

　　2015年4月，二更与自媒体大号"深夜食堂"合并成立二更文化，从此发展得越来越快。

　　2016年3月，二更借助A轮融资之力开始铺设全国市场布局。同年的"六一"儿童节，二更的第一个城市站"更杭州"正式上线。此后"更北京""更上海""更广州""更成都""更苏州""更西安""更长沙"国内站与"更Japan""更北美"等国际站也先后成立。

　　2017年1月，二更完成了B轮1.5亿融资，拥有十几个国内外城市站，整个网络平台的粉丝超过了3000万，所有的视频累计播放接近100亿次，其作品雄踞各大平台短视频播放量榜首。

　　对新媒体运营者来说，短视频将成为未来内容营销的一大重心。根据美拍官方的报告，短视频内容创作呈现出以下几个趋势。

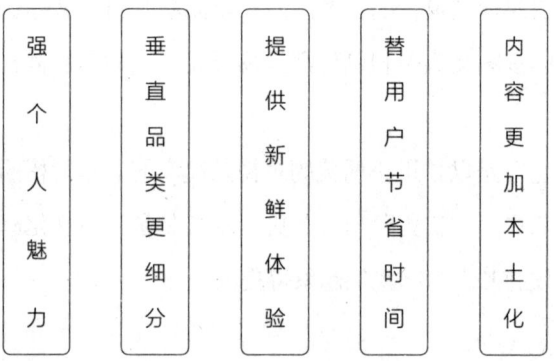

基础篇

据业内人士分析，2017年将有69%的新媒体流量来源于视频消费。短视频和直播已经被新媒体行业视为自2016年内容创业以来的两大风口。短视频比起乱象不断的直播平台发展得更健康，特别是专注生活类内容的短视频媒体正大行其道。为此，新媒体运营者应当好好研究短视频的制作，用小创意来引爆大流量。

随堂练习

请写下你最喜欢的5个短视频，并记录这些短视频的相关数据。

短视频名称	视频上传者	转发量	评论数	点赞数

经验之谈

智能手机的拍摄录像功能使短视频的制作变得十分便利。只要不是在禁止拍照的特殊环境下，你就能随时随地制作短视频并上传到自己的新媒体平台。当然，有些趣味十足、"干货"满满的短视频实际上是新媒体运营团队花了大量时间制作而成的。

5. 直播平台：新媒体盈利的新增长点

本节要点：
◇为什么直播平台会成为新媒体经济的新增长点？
◇直播平台的发展趋势如何？

近几年来，直播平台成就了很多网络红人。她们甚至让不少内容创作者羡慕嫉妒恨。搞创作的人劳神苦思写出来的爆品文，点击量和打赏数还不如在直播平台跟观众随便聊天的主播多。尽管有业内人士分析直播平台的主要受众层次不太高，但是我们不应忽略直播经济的火爆现象。

直播在新媒体行业中是一股新生力量。虽然在发展初期有着各种乱象，但是直播行业在2017年迎来了新一轮的融资潮。从2017年4月底开始，花椒直播、微吼直播、虎牙直播、熊猫直播等公司相继获得巨额融资。比如，天鸽互动在5月23日发布一季报时披露，已向花椒直播注资1亿元。天鸽互动高层认为，花椒直播的用户量和知名度都位于国内前两名，拥有庞大的网红资源与出色的活动组织能力，所以双方将在大数据、云存储、智能化等领域开展深入合作。

不带偏见地看，直播平台最大的优势就是能即时反映现场情况，让"现场直播"无处不在。观众看直播的时候，会有身临其境的感觉，直播平台上的互动比其他任何形式的网上互动都让人感觉更真实。因此，"直播+"的跨领域应用将成为未来的重要发展方向。就目前而言，直播平台主要应用在以下几个领域。

◎新闻行业

2016年里约热内卢奥运会期间，映客直播通过直播采访的方式向广大观众展现了奥运会运动员的日常真实生活。大家看到了运动员在赛场下的另一面，拉近了自己与新闻事件、新闻人物的距离。

◎教育行业

"直播+教育"模式可以让教师在网上远程指导学生居家学习。以前并非没有在线教育，只不过那些"云课堂"大多是事先录制好的教学视频。直播式的在线教育则能让教师与学生当堂进行互动，如同在线下的课堂中一样问答。

◎金融行业

2017年4月，微吼直播即时播出了中国金融科技峰会，在短时间内就吸引了大量网友关注。金融行业与直播平台的结合，有利于提高用户的活跃度，推动金融行业营销升级。

◎电商行业

2017年，淘宝推出了淘宝直播PGC扶持政策，京东与YY联手打造直播节目《破壳吧！少女》，苏宁易购和唯品会也以不同形式参与到直播当中。人气网红主播能够充分带动购物气氛，促使广大粉丝积极消费。

随堂练习

请写下你最喜欢的5个直播平台，并记录这些直播平台的相关数据。

直播平台名称	主持人	转发量	评论数	点赞数

经验之谈

直播平台的兴起标志着新媒体从"读图时代"进入了"视听时代"。许多新媒体运营者借助直播平台与粉丝进行即时互动，从而成为网络红人。他们未必擅长写作、绘画或制作视频、音乐，但善于在直播平台上与大众聊天互动。由于直播的互动效果最为直观和随意，因此新媒体运营者很容易得到数量可观的粉丝打赏。

6. 延伸阅读：papi酱的短视频风暴

视频出现得很早，但短视频成为网络红人制造器是近几年的事情。在2016年的上半年，网络红人中最有代表性的人物就是自称是"一个集美貌与才华于一身的女子"的papi酱，甚至有媒体称之为"2016中国第一网红"。

papi酱从2015年10月开始用变音器制作原创真人秀短视频。她非常善于抓社会热点，能用风趣而犀利的语言说出大众的心里话，并以丰富的肢体语言与表情配合吐槽。凭借这些鲜明的个人特色，papi酱在互联网上迅速走红，发展速度之快可谓"坐上火箭"。

2016年3月，papi酱团队获得了来自真格基金、罗辑思维（知识类脱口秀自媒体）、光源资本和星图资本等单位的1200万元人民币的融资。不久之后，广电总局因粗口等原因要求papi酱整改节目内容，papi酱团队以积极的态度配合整改，很快重出江湖。其节目减少了粗口，但依然保持着鲜明的个人特色与优良的内容制作水平。

2016年4月21日，papi酱与合伙人、罗辑思维创始人罗振宇在节目整改后进行了首次招商活动，拍卖第一次视频贴片广告权，最终拍卖价格高达2200万元人民币，几乎相当于起拍价的100倍。papi酱随后决定把拍卖所得的全部净利润都捐给自己的母校——中央戏剧学院。

2016年6月13日晚，papi酱开启了"网红+电商"的新路子。她在自己的公号发布了名为"papi酱的影评系列视频又来啦！我把《魔兽》给看了！！！"的视频，并在文章结尾处打起了小广告："papi同款寡妇公会T恤，可在某宝店铺搜索'papi酱心智造'，今日18：30准时发售（比心）。"就在当天晚上6点30分，淘宝"papi酱心智造"店铺正式开卖3款魔兽主题印花短袖T恤，每款定价99元，限量99件。这些T恤在短短36分钟后就全部售罄。

进入2017年后，papi酱和她的团队继续利用短视频来展现创意。

2017年4月21日，papi酱团队在世界读书日对四部古希腊悲剧名著进行了解读，并设置了转发抽奖活动。网友们在看完搞笑短视频后，纷纷转发扩散这条信息。截至2017年5月22日下午5点33分，这条微博收获了210631次点赞，42561次评论，121096次转发，用户流量超过了100万。由此可见，新媒体时代的创意短视频有着惊人的传播效率，是一个不可忽视的营销利器。

进阶篇

New Media Operation

第七章
如何变现新媒体的经济价值

新媒体运营的最终目标是将创意和社交互动转化为经济效益。假如价值无法变现,再有趣的新媒体也只能是自娱自乐。尽管无数新媒体以形形色色的方式取得了商业上的成功,但是更多的新媒体运营者迟迟找不到方向。为此,我们先来了解一下新媒体的主要盈利模式。

1. 盈利模式一：承接KOL广告订单

> **本节要点：**
> ◇什么是KOL营销？
> ◇怎样执行KOL营销？

KOL是Key Opinion Leader的英文缩写，意思是"关键意见领袖"。KOL营销是新媒体时代的一种新兴盈利模式，它指的是以在特定领域拥有较大号召力的关键意见领袖为桥梁，把自家品牌、产品与目标受众连成一体，并且经常保持互动。前面提到的二更食堂、咪蒙等公众号的刊例价，主要就是KOL订单的报价。

就实而论，广告依然是社交媒体最主要的盈利模式。新媒体运营者代替广告主进行KOL营销是一条合作双赢的路子。广告主需要用户和流量，新媒体运营者需要资金，以其所有易其所缺，从而实现资源的优化配置。

参考案例

2017年5月20日，海尔集团官方微博@海尔发布了一条"郑重声明"（见下图）。

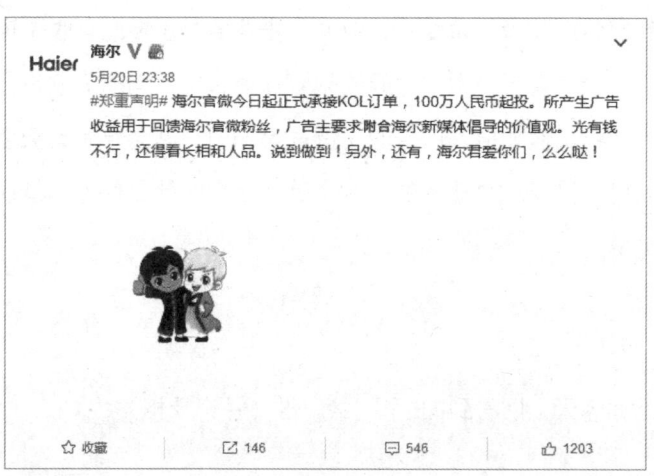

海尔官微从5月20日开始正式承接KOL订单,报价从100万元人民币起步。@海尔还许诺把由此产生的广告收益用于回馈海尔的粉丝。不过,海尔君同时表示广告主必须符合海尔新媒体的价值观,否则再有钱也免谈。

在这条微博的评论中,广告主@手机百度对@海尔表达了谢意(见下图)。

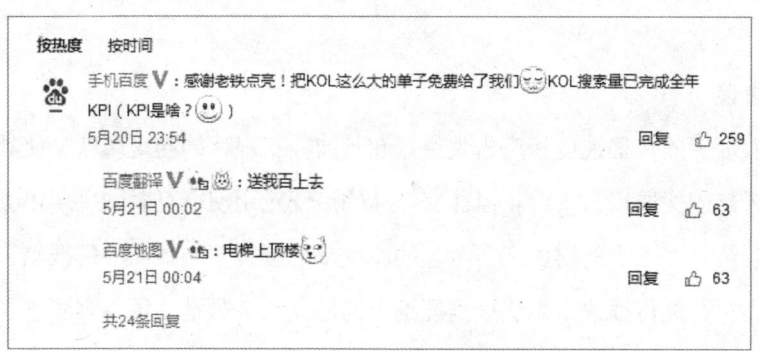

百度集团的其他新媒体平台(如@百度翻译、@百度地图)也纷纷顶帖。这是企业新媒体运营者之间的常见互动方式,颇有借鉴价值。

站在新媒体运营者的角度看，KOL广告业务是重要的创收渠道。新媒体平台的人气源于运营者与用户之间的频繁互动和高效沟通。这也让广告创收受到一定的制约。假如植入广告的比例过大，用户就会开始讨厌你，进而纷纷流失。如何在接受KOL业务的同时不破坏用户的社交体验，是这种盈利模式成功的关键。

随堂练习

请写下你今天上网看到的5个网络广告，并记录相关数据。

广告名称	发布平台	广告内容	广告时长

经验之谈

互联网的传播速度让广告效果远超从前。新媒体的社交属性又使其成为一个天然的优质广告平台。但社交媒体的广泛应用使得互联网呈现出去中心化的趋势。每一个新媒体广告激起的波纹都会被其他新媒体广告抵消一部分影响力，这让传播效果无法达到理论上的最大值。这是一场不容回避的用户注意力争夺战。

2. 盈利模式二：免费增值与付费服务

> **本节要点：**
> ◇ 新媒体为什么要提供大量免费服务？
> ◇ 如何让习惯使用免费服务的用户接受付费服务？

前几年被热炒的"互联网思维"中有个重要的概念是免费思维。所谓免费思维，并不是真的什么都不要钱，而是在某些环节让利给用户。商家所做的一切免费的事，都是为了让用户感觉到物有所值、物超所值。由于用户得到了很多优惠，于是更加频繁地在新媒体平台上活动，因此这个平台的流量也变得越来越多。长此以往，这个平台的利益相关者的产品就会获得更多的价值。

当然，新媒体运营者提供免费服务需要足够的本钱，不能花费过多的时间和资金，因为被免费政策吸引而来的用户，并不会百分之百地转化为忠实用户。此外，如果产品和服务本身缺乏亮点，就算免费也吸引不来人。

参考案例

腾讯集团早年依靠QQ免费的策略争取了庞大的用户资源。后来腾讯高层打算提高盈利水平，开始对一些免费项目收费，但是收到的效果并不好。尽管用户习惯了使用腾讯的产品，但是他们更习惯免费获得这些产品。一时间，QQ用户大量流失。腾讯高层见状立即调整策略，这才避免了客户进一步流失。

经过反思，腾讯采取免费增值和付费服务相结合的发展思路。腾讯免费服务继续做，以求吸引大量的潜在用户，形成对同行的竞争优势；与此同时，腾讯不断增加新的VIP服务项目，引导用户付费购买更多的特权。QQ游戏、QQ秀、黄钻、腾讯视频、腾讯动漫，等等，都是在免费的基础上给用户提供各式各样的增值服务。

免费最终是为了收费，但这势必会引起一些争议。新媒体运营者在开启收费服务的时候需要注意疏导舆论。一方面，要提供足够优质的内容，让用户觉得花钱也是物有所值的；另一方面，可以高举"鼓励原创，保护原创"的大旗，让用户认为自己付费阅读优质内容是造福整个内容产业的义举。此外，新媒体运营者可以灵活设计付费方式，合理分配免费服务与付费服务的比例，让这种盈利模式平稳运行。

经验之谈

几年前，互联网行业大肆炒作"免费思维"，提供多种多样的免费服务。这让很多消费者觉得不花钱就享受一切优质服务和优质内容是理所应当的事情。但如果一直免费下去，原创内容制作者就会得不到对等的回报，最终只会因衣食之忧而放弃做原创。久而久之，整个新媒体行业将失去原创能力，用户即使花钱也难以再获得优质内容。

3. 盈利模式三：粉丝影响力变现

> **本节要点：**
> ◇ 粉丝流量对新媒体的意义何在？
> ◇ 如何变现新媒体平台的粉丝影响力？

新媒体运营需要长时间的维护，成本看似不大，实则不可轻忽。假如运营者徒有庞大的粉丝队伍，却只是一味地义务付出而得不到适当的激励，迟早会心生倦怠，后继乏力。要打造一个新媒体品牌，光靠热情是远远不够的，还得让运营者获得足够的收益。企业新媒体有公司财政做后盾，缺乏资金的个人自媒体则需要另谋出路，最主要的思路就是变现粉丝的影响力。

关于新媒体变现粉丝影响力的思路，主要包括以下几类。

◎形成品牌效应

假如新媒体运营者在某个领域的知识水平足够丰富，就可以考虑专攻那个领域，成为整个行业中首屈一指的专家。新媒体运营者凭借绝对的实力获得声望，从而形成业内公认的知识品牌。在品牌效应的吸引下，风险投资家会注入资金，广大粉丝会主动帮运营者宣传这个新媒体平台。

◎成为网络红人

网红经济早已是新媒体产业中的常见现象。网络红人自带明星光环，拥有至少数十万粉丝的庞大人气。具有网络红人身份的新媒体运营者可以凭借强大的粉丝基础来拓展各种业务。粉丝也乐于通过打赏等方式来奖励自己喜欢的网络红人，令其增加线上收入。

◎连载原创作品

有的自媒体运营者不擅长营销，却有着出色的原创能力。他们可以在新媒体平台或各大文学网站上连载原创作品，不断积累人气，进而得到出版社和影视公司的青睐。假如能写出热门作品，运营者就能打通多个内容运营渠道，通过版税与授权改编来获取收益。

◎开辟服务渠道

当新媒体平台的粉丝积累到一定规模时，新媒体运营者可以认真调查一下粉丝的消费偏好和实际需求。这样做是为了开辟服务渠道，把大量用户转化为消费者。运营者为用户提供优质服务，用户则购买自己认可的产品或服务。

◎推广自家产品

新媒体运营者自家开发的产品，应该在平台上好好宣传。由于粉丝跟你互动良久，对你已有较高的信任度，因此在产品质量相同的情况下，他们会冲着你的面子优先购买你的产品。当然，运营者不宜过多打广告，以免让用户产生疏离感。

◎招募付费会员

随着粉丝规模的不断壮大，新媒体平台会逐渐形成一个属于自己的社群。新媒体运营者可以通过经营社群来扩大人气，招商引资。为了让社群更有凝聚力，新媒体运营者可以采取招募付费会员的方式，把少数开发潜力较大的人纳入社群高层。

◎组建商业联盟

单凭一个自媒体是很难独力完成新媒体营销工作的。所以，不少新媒体运营者会寻找广告主、其他自媒体与各类公司进行合作，组建一个商业联盟。此举旨在借他人之长来弥补自己的短板。

◎进驻交易平台

有的自媒体进驻了交易平台网站，朝电商化的方向发展。这也是新媒体变现粉丝影响力的一个重要思路。

上述几种变现粉丝影响力的思路各有长处和短处，没有谁是完美无缺的。新媒体运营者应该学会从实际出发，选择因地制宜的经营策略，避免误入急功近利的歧途。

随堂练习

请找出你最喜欢的5个微博大V，观察其粉丝数量在3天内的变化。

大V名称	第一天的粉丝数	第二天的粉丝数	第三天的粉丝数

经验之谈

粉丝经济是一把双刃剑。因为粉丝群体往往比较情绪化，既会把喜欢的人奉为"大神"，也能在失去好感后把对方骂成"狗"。粉丝活动通常是自发组织的，而且很容易陷入自己感动自己却不顾其他一切的狂热情绪。随着粉丝团体的壮大，其内部结构也会变得越来越复杂，进而出现内耗现象，给新媒体平台造成难以预料的麻烦。

4. 盈利模式四：打造品牌内容

> **本节要点：**
> ◇为什么新媒体行业重新开始相信"内容为王"的说法？
> ◇新媒体怎样利用内容来塑造品牌形象？

新媒体行业曾经认为传统媒体"内容为王"的理念已经过时了，认为如果传播渠道好，则再普通的内容也能被大众追捧。但随着行业的发展，人们渐渐意识到大众对优质内容的需求超乎想象。

根据BOSS直聘的数据显示，2017年的1月和2月，招聘市场上对内容类岗位的需求数量比2016年同期增长了32%；内容基础岗的平均月薪从2015年的6842元增至2016年的7322元；内容管理岗的平均月薪则从2015年的14185元增至2016年的14961元。刺猬公社针对这种现象发了一篇《内容人才的价码正在剧涨，主编没有死，又回来了》，很快引起新媒体行业的热议。

其实，我们看看那些运营出色的自媒体和企业新媒体就知道，打造优质内容一直是他们的核心竞争力。当你的内容形成了一个特色鲜明的品牌时，你将获得令人惊叹的人气。

新媒体运营
New Media Operation

参考案例

根据清博大数据统计，截至2016年11月5日，小米科技公司的微信公众号"小米公司"再次夺得企业微信公众号中的手机（生产商排行）榜的冠军。"小米公司"通过两篇文章为公众号轻松获取20万以上的阅读量和963点赞总量，以1253的WCI值（即微信传播指数，根据微信原始数据和一系列复杂严谨的计算公式推导而得）力压其他竞争对手的公众号。头号功臣是一篇名为《手机并不重要，重要的是你爱的人！》的头条文章，"小米公司"凭借它赢得了10万以上的阅读量。

《手机并不重要，重要的是你爱的人！》是一篇产品推荐文，介绍对象是小米MIX全面屏概念手机。文章提到了法国籍国际著名设计大师菲利普·斯塔克的专访。小米MIX恰好是菲利普·斯塔克大师设计的第一款手机产品。

菲利普·斯塔克在专访中说："（小米）MIX代表了我所有的理念。MIX的美在于它少得不能再少，我们已经接近去物质化最完美的状态，什么都更少，更少重量、更少材料、更少按键，每一样都更少。有趣的是，我们爱的并不是我们的手机，而是与我们通话的人。所以我们努力做出市面上最大的屏幕，没有边框，来显示我所爱的人的最大影像。我们走向一个美丽的无，越是'无'，越是美。未来无关设计，无关产品。我们继续努力，去成为真正美的东西。也许有一天，100年、200年后，谁知道呢？我们的后代会说：'我们做到了，我们为我们祖辈所做的感到骄傲。'"

这篇头条文章通过菲利普·斯塔克大师的视频传达了他的产品设计理念，强调产品的艺术美感。紧接着，文章还指出小米的ID设计师、工程师围绕大师的设计所付出的努力，叙述了小米MIX产品怎样通过"干掉"听筒、距离感应器、前置相机来实现全面屏的极致视觉体验等事迹。

当小米在微信公众号发出《手机并不重要，重要的是你爱的人！》一文后,"艺术品般工艺的背后,是对科技了不起的探索"的宣传语在手机圈里迅速传播。小米的微信公众号也因此赢得了当周微信营销手机榜的冠军。

随堂练习

请选出你最喜欢的5个品牌,找到其官方微博或微信公众号,然后记录其最新的一篇长文章标题。

品牌官微名称	最新的文章标题

经验之谈

品牌内容,说白了就是特色内容。在新媒体时代,运营者面临的最大挑战就是"别人比自己有特色"。每一个自媒体都有可能产生大公司的专业策划人士意想不到的新创意。也许,这些新创意只是一些低成本的微创意,但持续不断的微创意已经足够形成品牌内容,吸引一群兴趣相投的人,培育出一个新的细分市场。

5．盈利模式五：共享新媒体平台

> **本节要点：**
> ◇ 共享信息为什么会成为新媒体平台盈利的关键？
> ◇ 新媒体平台共享信息时会遇到哪些问题？

共享信息和资源是互联网的基本精神之一。互联网打破了很多传统行业的壁垒，让很多靠垄断信息来保持优势的闭门造车者不得不做出改变。新媒体的兴起进一步强化了这股"共享"浪潮。社交平台的高度普及，使得人们越来越习惯把自己的动态和资源分享给自己的好友。久而久之，"共享"也演变为一种效益巨大的商业模式。

打造共享型互联网平台是新媒体营销的一种重要盈利模式。新媒体运营者根据合作商的要求来提供个性化广告服务，把各种内容生产者提供的优质内容分享给广大用户。一方提供平台，一方输送内容，发挥各自的长处，通过共享用户流量来提高自己的品牌影响力。

"互联网女皇"玛丽·米克尔发布的《2015年互联网趋势报告》认为，1995年排名前15位的大型互联网公司的市值总和为170亿美元，到了2015年，包括百度、阿里巴巴、腾讯在内的全球15家大互联网公司的市值总和则达到了2.4万亿美元。2015年全世界的分享型经济公司的营业收入大约为150亿美元,专家预计这个数字到2050年能够增长到3350亿美元。

但是,回报率和风险往往是成正比的。共享平台每天向广大用户提供多元化、大规模的信息,难免会出现一些纰漏。假如新媒体运营者对此掉以轻心,这些纰漏就会给共享平台带来沉重的打击。为此,新媒体运营者走共享经济路线的时候,不能不注意规避以下问题。

(1)注意保护原创者的版权,不要让抄袭者钻空子,窃取本该由原创者获得的声誉和收益。

(2)在转载自媒体的优质内容前应该主动申请授权,不能自恃家大业大而仗势欺人。

(3)随着平台规模的不断扩大,企业必然要划分出更多的运营团队来维护各个频道的共享内容,以确保发布内容的整体质量。

(4)加强各组运营团队的管理,以免害群之马破坏整个共享平台的信用,造成合作者大量流失的窘境。

经验之谈

相对于个性化色彩浓厚的内容制作,平台盈利模式的核心无非"共享"二字,没有什么神奇莫测的奥秘。共享平台本身不生产内容,而是把无数内容生产者集中起来展示给广大用户看。从某种意义上说,这相当于一个蔬果超市,让用户挑到自己想要的产品,让不同的内容生产者都获得自己的粉丝群体。

6. 延伸阅读："小杜杜"的走心营销

小杜杜微博运营团队把@杜蕾斯官方微博打造成了一个集生活情趣、知识科普、心灵励志于一身的个性朋友的形象。有时候，@杜蕾斯官方微博会发一些高校专家的研究结果并向粉丝们说一些励志的话。比如，2017年5月8日的这条微博：

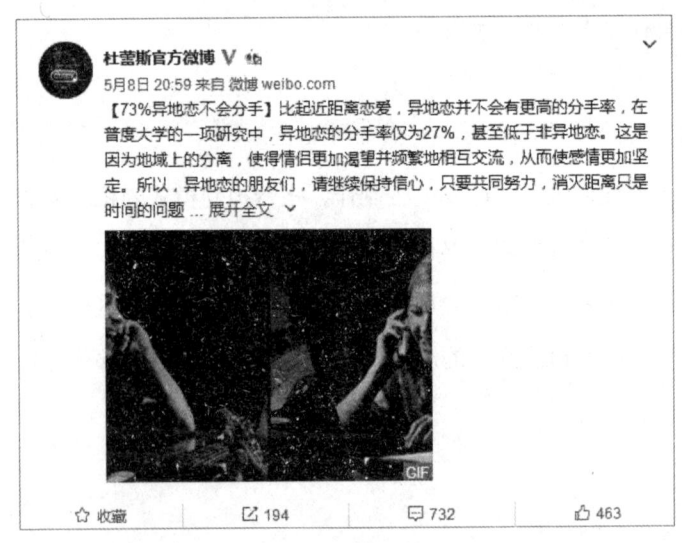

@杜蕾斯官方微博经常会发起带有#杜绝胡说#话题标签的聊天，讨论内容主要围绕情感、性事等话题。比如，2017年5月8日的#杜绝胡说#主题是"来聊聊异地恋到底有多么不容易"。

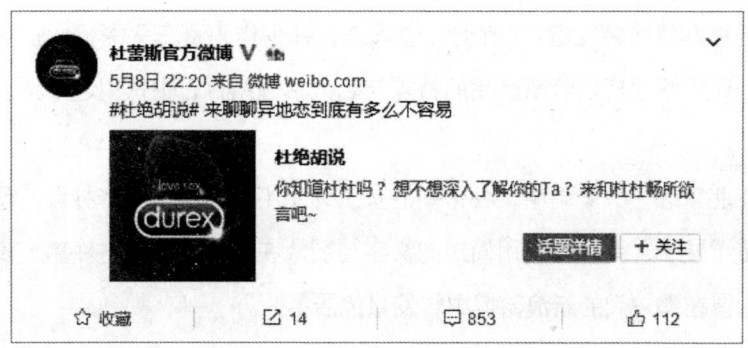

他有时候是一名文艺青年，比如，2017年5月22日北京出现了绚烂的晚霞，@杜蕾斯官方微博在晚上写了一句情话：

@杜蕾斯官方微博运营团队不仅善于打动粉丝的心，还善于在热点新闻中巧妙地植入自己的产品。

有一次，有网友发布微博说："韩寒新书《私》中提及送给未来18岁女儿的一句话——套好安全带，带好安全套。韩少真是语不惊人死不休哇。"@杜蕾斯官方微博转发道："所谓安全第一，韩少作为赛车手深谙此道啊。"这个点评巧妙地把杜蕾斯产品的特点与名人话题结合，很快引起了网友的广泛共鸣。

在北京的一次暴雨中，杜蕾斯的员工为了不让鞋子被雨水打湿，便将安全套覆于鞋子之上。有人用简短的文字与图片在微博上说了这件事。没想到这条微博在那一天的新浪微博中转发量位居第一。

总之，这种充满创意和热情的运营风格，使得杜蕾斯的官方微博在广大网友中树立了机智敬业的口碑，杜蕾斯官方微博运营团队也因此成为新媒体营销界的模范。

第八章
市场定位的核心是构建用户画像

> 新媒体让性格、爱好、职业、文化背景、价值观不同的人群形成了无数个泾渭分明的网络社会群体(简称"社群"),导致市场变得越来越细化。新媒体运营应该立足于某个细分市场,这需要先把目标受众的特点整理成一个"用户画像"。

1. 明确自己面向的是什么人群

> **本节要点：**
> ◇ 为什么要细分用户群体？
> ◇ 用户群体的差异会对新媒体运营方式产生怎样的影响？

按理说，研究用户是新媒体运营的必修课，但并不是每一位成功的企业家都这样看。已故的苹果公司创始人乔布斯曾经高傲地说："人们不知道想要什么，直到你把它摆在他们面前。正因如此，苹果公司从不依靠市场研究。""微信之父"张小龙则认为："需求只来自你对用户的了解，不来自调研，不来自于分析，也不来自于讨论。"于是，不少人盲目跟从"大神"这番言论，把研究用户环节当成可有可无的鸡肋，最终使自己迷失了方向。

其实，乔布斯并非完全无视用户的需要，恰恰相反，他率领苹果的设计师、工程师开发iPhone系列智能手机时采取了大量用户测试结果，最后才找出最佳方案。此外，腾讯微信团队的一位产品研发人员在《微信，是怎么过来的（2010—2015）》一文中指出，"微信的每一步，都是用户的需求导向，并非市场或运营导向"。

由此可见，优秀的互联网产品与成功的新媒体营销都不可能脱离用户研究。特别是在消费者越来越个性化、多元化的今天，细分用户群体是必然之举。

据中国互联网信息中心（CNNIC）发布的第37次《中国互联网络发展状况统计报告》显示，截至2015年12月，我国上网购物的网民规模突破4亿人，达到41325万人，增长率为14.3%，网民使用率为60%；使用手机网购的网民规模多达33967万人，增长率为43.9%，网民使用率为54.8%。然而，尽管有不少新媒体获得了上百万粉丝，但是跟中国网络用户的总人数比依然是九牛一毛。

平心而论，社交媒体上的每一次"全民狂欢"，实际上只是全中国一部分人在活跃，沉默者仍然是大多数。新媒体运营者应该明白一个道理，你无法取悦所有人，只能赢得一部分人。不过，这一小部分人实际上可能数以万计。只要能充分开发其消费潜力与传播潜力，运营者就能吃饱喝足。

营销的成功取决于多个因素，但最根本的还是赢得市场受众的支持。新媒体运营者必须弄清楚自己想服务的对象是谁，然后观察他们的日常行为、消费偏好、上网习惯、具体需求，以此来确定产品和服务的开发方向。

随堂练习

请写下你最熟悉的5个用户群体，并分析其需求特点。

用户群体	需求特点

续表

用户群体	需求特点

经验之谈

单纯追求增加粉丝数量是没有意义的，因为许多活跃的用户都有几百个"僵尸粉"，让新媒体的活粉率日益下降。有些粗心的运营者还以为自己的人气真的水涨船高。仔细观察你的活粉，你才能找准真正的目标人群。

2．采集用户数据的3个维度

本节要点：
◇采集用户数据的3个维度是什么？
◇如何通过这3个维度来认识用户数据的价值？

用户数据无疑是宝贵的情报资源，但要利用好这笔资源并不容易。同样的数据在不同的决策者眼中有着不同的意义。如果不分清用户数据的维度，就容易忽视数据中隐藏的价值。总体而言，了解用户数据先要从3个维度着手。

◎用户的维度

用户的维度指的是从用户行为的角度来采集数据。分析用户通过何种渠道接触你的新媒体平台，他们在网站上做出了哪些行为，都属于从用户的维度来分析数据。有的用户是直接输入网址来找到你的官方微博/微信，有的是从网络收藏夹里点击收藏链接，有的是从自己或朋友的微博/微信上看到的。这些不同的渠道产生的流量也各有不同。

用户进入新媒体平台后的活动也是重要信息。他们会点击哪些页面，在同一页面上停留多久时间，访问路径是从哪个页面到哪个页面，等等，都会成为产品决策的依据。通过这些数据，我们可以找出用户访问深度最高的渠道，加强该渠道的推广力度。

用户的会员注册情况也是一个监测要点。假如用户只浏览而不注册，新媒体平台的用户转化率就会很低。监测用户的注册流程可以让运营者弄清楚到底是哪些环节让用户失去了注册的兴趣，从而优化会员注册流程。

◎运营的维度

用户的维度针对的是用户来源，运营的维度主要是分析收入情况。新媒体营销渠道每一天的订单数、每笔订单的金额大小、订单支付成功率、订单交付周期、用户退货率、用户投诉率、用户重复购买率、用户再次下单的周期等数据，都是新媒体运营者需要注意的环节。

此外，运营者还要关注平台上每天的内容产出量与新用户增加、老用户流失等情况，以便从中筛选出优质活跃用户。在各种用户画像中，优质活跃用户的画像非常重要，他们是其他用户的标杆。假如运营数据显示用户濒临流失，新媒体运营者就要及时调整经营策略了。

◎产品和内容的维度

新媒体运营的最终目标是销售产品。通过对每个用户购买的产品类型、平均每次购买的数量及金额、退换货的情况进行大数据分析，新媒体运营者就能发现比较受欢迎的热门产品，进而做好促销计划。

优质内容是新媒体平台的标签，用户关注你的初始动机是分享内容。新媒体运营者应该对平台上的内容进行分类，可以按照文字、图片、视频等表现形式来划分，还可以用电影、美食、运动、旅行、历史、军事、体育等标签来划分。新媒体运营者要时刻关注用户们最感兴趣的标签，并观察每个标签下的用户每天发布多少内容、内容质量、评论转发状况。如此一来，用户的兴趣爱好就一目了然了。

经验之谈

用户基础数据的3个维度从不同层面反映了目标用户的基本情况。然而，不少新媒体运营者只重视宏观层面的用户数据而忽略微观层面的用户数据。这样构建的用户画像肯定是偏颇的、失真的，缺乏真正的情报价值。如果以错误的用户数据来运营新媒体平台，在激烈的市场竞争中碰壁也就是理所当然的事情了。

3. 描述用户的显性画像

本节要点：

◇什么是用户的显性画像？

◇如何描述用户的显性画像？

用户的显性画像指的是市场调研者对用户群体的可视化特征的描述。想要完整地描述用户的显性画像，应该从基础特征、上网习惯、产品使用习惯和其他特征几个方面入手。具体内容见下列表格。

◎基础特征

特征	描述重点
年龄	用户群体的年龄段分布情况，找出数量第一和第二的群体
性别	对比男女用户在总人数中的比例
职业	找出用户群体中最多和次多的职业
地域分布	找出用户分布最多和次多的地域
兴趣爱好	总结用户群体中第一和第二的兴趣爱好标签

◎ 上网习惯

特征	描述重点
上网的时间段	用户主要在哪个时间段登录网站
上网的时间长度	用户每次上网的时间有多久
上网的频率	用户隔多长时间上一次网
影响上网的因素	用户平时上网受哪些因素影响

◎ 产品使用习惯

特征	描述重点
使用产品的频次	用户多久使用一次产品
使用产品的时间	用户主要在哪个时间段使用产品,找出最集中的时间段
使用产品的时长	用户每次使用产品的时间长短
个人使用习惯	用户有哪些特殊的产品使用习惯

◎ 其他特征

特征	描述重点
了解产品信息的渠道	弄清用户主要通过什么渠道来获取产品信息
注册用户的时间	用户在什么时候注册新媒体账号
用户等级	用户在新媒体平台上的等级
用户活跃程度	用户在新媒体平台上是否活跃
用户分类	用户在新媒体平台上属于哪种类型

新媒体运营者完成对用户显性画像的描述后，就能初步建立一个比较完整的用户档案，抓住其基本特征。如果跳过这个环节，运营者就无法真正弄清楚用户的深层特征。

随堂练习

请描述你的用户显性画像中最主要的5个特征，并思考这些特征的开发价值。

用户特征	开发价值

经验之谈

用户的显性特征比较容易观察，但新媒体运营者应该明白一点，你在获取数据之前并不知道那个跟你谈得十分投机的人到底是什么背景。当你描述出用户的显性画像，再去对照具体的某个用户时，你会发现他们也许并不符合对应的群体特征。这时候，你也不必急于否认大数据调查的可靠性，因为每个人既有所在群体的共性，也有自己的个性。想要做好精准营销，最终还要靠一对一地深入了解，而不能仅仅使用群体标签来生搬硬套。

4. 刻画用户的隐性画像

> **本节要点：**
> ◇ 什么是用户的隐性画像？
> ◇ 如何描述用户的隐性画像？

用户的隐性画像指的是市场调研者对用户内在深层特征的描述，主要包括以下几个方面。

◎用户的消费目的

毋庸置疑，用户的消费目的肯定是想利用产品的某种性能来解决某种问题。新媒体运营者需要了解的正是这一点。消费目的的大小决定了用户愿意为此投入的成本、时间、精力。确认你的产品能否实现用户的消费目的，是交易的起点。

◎用户的消费偏好

消费偏好包括对产品品牌、产品功能、审美特点、购买数量、购买方式等方面的取舍。不同的用户群体存在不一样的消费偏好。新媒体运营者不仅要设法让产品满足用户群体的消费偏好，还要设计出一个令他们感到满意的服务方式。

◎ 用户的核心需求

用户的消费目的对应了某个核心需求。他们的需求可能是追求实用价值，也可能是为了获得炫耀性消费的心理满足。调查目标用户群体最核心的需求，是新媒体运营者赢得市场的关键。一旦运营者抓准了核心需求，无论用户的需求曲线如何变化，都不会脱离运营者的掌控。

◎ 使用产品的场景

用户是在家里使用产品，还是在其他场所使用产品，也是新媒体运营者需要弄清楚的一个重要问题。在不同的应用场景下，用户会表现出不一样的特征。

◎ 使用产品的频次

用户使用产品的频次反映了他们的需求水平。有的产品容易消耗，而用户的使用频率较高，那么新媒体运营者就可以根据这些信息及时准备下一批供货。

通过描述用户的隐性画像，新媒体运营者可以挖掘出目标用户群体的深层特征。这将为企业的产品设计、宣传推广和售后服务提供足够具体的参考数据，从而不断改善用户体验，提高用户的品牌忠诚度。

随堂练习

请描述你的用户隐性画像中最主要的5个特征，并思考这些特征产生的原因。

用户特征	产生原因

续表

用户特征	产生原因

经验之谈

用户的显性画像侧重于描述目标用户的静态特征，而用户的隐性画像则更关注目标用户的动态特征。从隐性画像中，新媒体运营者可以了解到更多关于用户的细节，尤其是他们近期的需求变化情况。新媒体运营讲究时效性和互动性，预测用户的变化，在前方做好准备等着他们踏上这条道路，这样才能真正掌握新媒体市场营销的主动权。

5. 分析关键词，构建用户画像

> 本节要点：
> ◇用户画像的构建流程是怎样的？
> ◇怎样提炼用户群体的关键词？

构建用户画像通常需要经过3道程序。

◎ **基础数据采集阶段**

新媒体运营者应该把宏观层面的数据和微观层面的数据结合起来。宏观层面的数据主要包括行业数据、用户总体数据、总体内容数据等，新媒体运营者可以通过行业分析报告（比如《新媒体蓝皮书》系列等）、产品前台数据和后台数据、第三方大数据分析等渠道进行数据采集。微观层面的数据主要包括用户属性数据、用户行为数据、用户成长数据、用户参与度数据、用户点击数据等，新媒体运营者可以通过产品前台数据和后台数据、第三方大数据分析、公司调研报告、用户访谈记录等渠道进行数据采集。

需要注意的是，在各种数据获取渠道中，问卷调查结果、用户访谈记录、产品前台反馈数据、用户行为记录、产品后台数据属于第一手资料，而行业研究报告和文献资料属于第二手资料。相对而言，第一手资料的准确性比第二手资料更好。

◎分析关键词和建模阶段

当新媒体运营者采集完描述用户画像所需的数据资料后，下一步就是分析和加工资料，提炼出用户群体的共同要素，将其化为关键词，为构建可视化模型打基础。

假设你的产品面向的是"00后"用户群体，就要多方搜集相关的数据资料。比如，零点调查发布的《"00后"调查报告：他们不切实际却更加有趣》，《中国青少年研究》刊登的论文《从"90后"到"00后"：中国少年儿童发展状况调查报告》，美图公司发表的《"00后"App使用情况调研报告》，等等。

在这些报告中，"00后"用户群体特征可以表述为这几个关键词：创意导向、脑洞大开、圈子意识强烈、喜欢专属产品、强个性化需求、娱乐精神十足。

通过这几个关键词，新媒体运营者可以概括出"00后"用户群体的整体标签，然后再分析用户等级数据、用户行为数据和用户贡献等信息，并建立相应的用户模型。新媒体运营者要对关键词的出现频次进行排序，这样才能提取最能反映用户群体特征的共性关键词。

◎呈现用户画像阶段

经过上述两个环节，我们已经给目标用户群体贴好了个性标签，然后再描述出其显性画像和隐性画像，就能得到一个相对完整的用户画像了。当用户画像呈现出来后，新媒体运营者应当以此为依据来制订运营策略和运营规划。假如辛辛苦苦构建的用户画像依然不能让你明白自己该朝哪个方向努力，对不起，这个用户画像没做成功，请从头开始再做一遍。

经验之谈

新媒体运营者应当告别粗放的传统用户调查模式，也不能仅仅通过日常的聊天来了解用户的想法，因为用户有时候自己都搞不清楚到底想要什么，需要一个信得过的人或咨询平台来指点迷津。当完成用户画像后，新媒体运营者就能清晰地判断出用户无意识行为中隐藏的需求。

6. 延伸阅读:"辣鸡汤教主"咪蒙的"粉"与"黑"

不少媒体人认为自媒体已经过气了,在人人都能发几段文字的时代做自媒体,就是在高度饱和的"红海市场"里竞争。尽管如此,逆势而火的自媒体并不少见,比如被称为"辣鸡汤教主"的咪蒙。

咪蒙是山东大学中文系硕士出身,又曾供职于南方系媒体,出版过《圣人请卸妆》《守脑如玉》等图书作品,拥有十年以上的编辑经验。这是她运营文字自媒体的有利条件,但并不是所有媒体出身的人都能做成人气自媒体。咪蒙能成为靠码字出名的网红,主要是因为文风独特,并且摸清了新媒体的运营规律。

大多数网友是从《女友对你作?你应该谢天谢地,因为她爱你》《致贱人:我凭什么要帮你?!》等文章开始知道咪蒙的。咪蒙的很多文章都以颠覆传统观念为特色,标题风格都跟这几篇文章标题一样充满火药味与煽动性。比如,人们过去喜欢说"男孩要穷养,女孩要富养",她却写了一篇《男孩要穷养?你跟孩子多大仇啊》。无论她的观点是否真的具备先进性,至少充满了新颖度。

咪蒙团队在新媒体行业中是一个现象级案例。她的微信公众号粉丝超过了600万,单篇文章就能轻轻松松达到10万以上的阅读量,公众平台发一篇广告推文的收益从40万元起步,公司的月广告收入300万~500万元。在这一串好看的数据背后,是互联网上屡见不鲜的争议。有媒体还专门写了篇《学咪蒙赚钱到底low不low?他们这样说》的报道来讨论这种现象。

喜欢咪蒙的人把这种泼辣的新媒体文风视为新潮时尚,讨厌咪蒙的人则认为她过分刻薄。按照互联网的习惯,前者属于"咪蒙粉",后者属于"咪蒙黑"。

2016年,咪蒙洋洋洒洒地写了一篇《职场不相信眼泪,要哭回家哭》。起因是她公司的实习生不愿帮她下楼取外卖(据说每天要跑个五六趟),她批评那位实习生不懂职场法则,于是写下这篇文章。一时间,许多"咪蒙粉"(尤其是做老板的粉丝)纷纷在朋友圈里转发这碗职场"辣鸡汤",阅读量很快超过10万。

然而,"咪蒙黑"也热情地转发另一类微信公众号文章,比如《咪蒙的毒鸡汤,你还喝得下?》《致咪蒙:就算屁股决定言论但也不能说屁话啊!》《再致咪蒙:既然当老板就别装孙子》《致咪蒙:你这样会害了很多孩子!》《像咪蒙那样做人生赢家,难怪你会焦虑》等文章,批评咪蒙式"辣鸡汤"是"毒鸡汤"。网友在争论过程中甚至抛出了"选女朋友要避开咪蒙粉"的新话题,而支持咪蒙的网友反驳说很多男人根本配不上"咪蒙粉"。

在这场粉丝站队的争论中,"咪蒙粉"与"咪蒙黑"两大阵营越来越明朗化,双方都有规模惊人的群众基础,互联网群体的分化与撕裂可见一斑。无论骂战多么激烈,咪蒙依然是名利双收的自媒体经典案例,并会借助可能永远分不出胜负的争论继续增长人气。

第九章
整合八方资源从搭建平台开始

> 新媒体本质上是一种互联网信息传播平台,通过传播信息来凝聚更多的人气,串联其他的平台,进而实现信息分享与资源共享的社会效益及经济效益。运营新媒体正是一个搭建平台的过程。能否有效整合各种资源,关键在于平台建设是否下足了功夫。

1. 设定新媒体运营目标

**本节要点：**
◇新媒体运营的目标是什么？
◇设定运营目标的依据是什么？

新媒体运营的最终目标是盈利，实现新媒体平台的可持续发展。这个观点没有毛病，因为任何商业活动的最终目标都是实现盈利和可持续发展。而想要真正做好新媒体运营，就不能用这种大而无当的套话敷衍了事，必须确立具体的发展目标。设定目标的本质是找准自己的定位。在建立新平台之前，运营者应该考虑清楚自己打算利用新媒体实现什么目的。

有的新媒体平台以传播原创内容为特色，有的以品牌宣传为运营主旨，有的立志为其他新媒体平台提供某种服务功能，有的把管理粉丝用户作为首要目标。商界实践表明，运营良好的新媒体必然会集中力量实现主要目标，而不会东一拳西一脚地乱打一气。运营者在把握好自己的定位后，才能最大限度地用好手头的资源。

新媒体运营套路可谓五花八门，但万变不离其宗。人们设定运营目标的依据无外乎以下几点。

◎你的内容发给谁看

弄清你的服务对象是谁，明确他们需要哪些内容，思路越具体越好。比如，清博大数据的服务对象是所有的新媒体平台，提供的内容是大数据舆情分析报告。@丁香园的服务对象是广大医生、医疗机构、医药从业者以及生命科学领域人士，提供的内容是医学、医疗、药学、生命科学等相关领域的交流平台、专业知识、最新科研进展以及技术服务。

◎你希望获得怎样的舆论反响

绝大多数自媒体开始只是记录博主的生活碎片，以自娱自乐为目标，没打算扩大影响力。后来，有些自媒体开始分享自己的专业知识与各种经验，逐渐转化为某个领域的知识分享平台。而运营者的目标也变为向大众科普某类知识。无论你发布什么内容，都会对互联网舆论产生不同程度的影响。你所期待的舆论反响，就是你要寻找的发展方向。

◎你怎样制作内容

有的新媒体主要靠自己制作内容，比如，各大报纸的新媒体平台主要发布自家的原创报道。有的新媒体则是通过分享粉丝来信、读者投稿等方式来制作内容，比如@情感咨询树洞每天都会从粉丝的咨询私信中寻找奇葩案例，隐去投稿者的名字，将问题截图再做点评。

◎你的收益来源在哪里

不同的新媒体平台有着不一样的收益来源。比如，有的新媒体以商业广告合作为主要利润源，有的则是通过付费阅读来吸引读者打赏，企业新媒体则是靠公司的财政为生。收益来源决定了新媒体运营的基本方式。

把上述问题想明白，新媒体运营者就能明确自己的定位，然后制定出合理的运营目标。这是整合八方资源的起点，在很大程度上决定了新媒体平台未来的命运。

随堂练习

请在互联网上搜索以下新媒体品牌，记下他们的自我定位。

新媒体品牌名称	自我定位
罗辑思维	
清博指数	
今日头条	
36氪	
二更视频	
花椒直播	

经验之谈

新媒体可以用来自娱自乐，可以用来广交四海能人，还可以用来针对某个特定的消费群体推广产品和服务。这一切都要根据运营者的实际需求来定。假如你以营销为运营目标，就要放弃一些任性之举，本着为用户服务的精神去做一些可能有些枯燥但很必要的琐事。在新媒体时代，一句不当言论就可能让人气媒体自砸招牌。要时刻记住，这个新媒体平台不是你自家的菜园子，而是一个品牌的形象代表。

2. 垂直类新媒体平台

> **本节要点：**
> ◇什么是垂直类新媒体平台？
> ◇垂直类新媒体平台的运营要点有哪些？

如果新闻媒体的官方微博/微信公众号追求的是信息的广度，那么垂直类新媒体平台追求的是信息的深度。这里的"垂直"指集中提供某一类主题的内容。垂直类新媒体平台在一定程度上可以视为专业知识的分享者，专攻一域，专精一学。毫不夸张地说，他们是互联网上贡献优质内容最多的群体。

垂直类新媒体平台的强项是深入挖掘特定的内容。不同于那些只会转载的营销号，垂直类新媒体往往有较强的创作能力，给大众一种专家的感觉。运营者应当坚持"内容为王"的理念，不断充实知识储备，只讨论自己擅长的领域，而不宜胡乱蹭热点。

参考案例

《博物》杂志的官方微博@博物杂志被广大网友亲切地称呼为"博物

君"。这个营销号在其粉丝数量不到220万时,仅仅一上午就能收到未读的"5243条评论,3289位新粉丝,5321条@我的微博,241条@我的评论"。2017年6月5日,@博物杂志的粉丝数超过了654万。当然,实际购买《博物》杂志的读者并没有那么多。大多数关注@博物杂志的微博网友其实更喜欢看博物君每天发的各种生物知识,而不是直接阅读杂志。@博物杂志正是凭借这一点让自己在新媒体科普领域占据了一席之地。

@博物杂志的日常运营内容并不是推销《博物》杂志,而是选择网友关于动植物方面的疑问进行解答,通过这种方式来扩大营销号的影响力。

比如,网友@紫樱花落三分春意的朋友曾经在海边捞到一条鱼,在微博上询问这是什么鱼。有人将这个问题转发给@博物杂志。@博物杂志发了一条简短的微博:"文鳐鱼,也就是飞鱼。养是养不了,不过可以吃,比如像《舌尖》里台湾人的做法让阳光以最明亮最透彻的方式;与鲜嫩的鱼肉交流,这是人与上天和大海的约定。说人话就是晒鱼干。"

@博物杂志的运营者张辰亮指出:"网上很多人的科学素养和阅读能力都很低,你不但要准备好知识,还要喂到嘴边。"他总结出了三条回复技巧:第一,多用大白话讲解,避免使用专业名词;第二,回复的内容要能让读者在生活中用得上,甚至拿去吹牛;第三,并不刻意喊口号,但要能说得让大家自觉意识到该怎样去做。

在他的不懈努力下,@博物杂志成为生物类科普大V,《博物》杂志的月发行量从过去的数万册上涨到22万册以上。这在杂志社开办@博物杂志前是始料未及的。

随堂练习

请在新浪微博上找出5个情感类营销号,并记录以下数据。

营销号名称	发帖数	粉丝数	最热门帖的转发数

经验之谈

　　多元化经营模式并不适合所有的企业，尤其是垂直类新媒体平台，不宜过多开拓新领域。垂直类新媒体平台的着眼点本来就是"专精"，紧密围绕某个领域精耕细作，把具有特定需求的某类用户凝聚成垂直社群。垂直社群之外的广大用户并不会因为你的努力推广而产生兴趣，垂直类新媒体平台依靠的中坚力量永远是垂直社群。

3. 电商类新媒体平台

> **本节要点：**
> ◇ 什么是电商类新媒体平台？
> ◇ 电商类新媒体平台的运营要点有哪些？

不少消费者认为电商和新媒体之间没什么联系。过去也许是这样，但是如今的电商早已进化为社会化电商，主要宣传渠道是新媒体平台。从这个意义上讲，社会化电商也可以理解为电商类新媒体平台。这类电商通过新媒体来开展各种趣味营销活动，把网购链接附在其中，让用户一高兴就"买买买"并把信息转发给好友。

目前，我国电商类新媒体平台的发展十分迅速。据《中国新媒体发展报告（2016）》称，截至2015年12月，我国移动电商用户规模多达8.7亿，其中，移动房产行业用户有3800万，移动旅游用户有4亿，生活服务行业用户有4.3亿。虽然新媒体蓝皮书还没公布最新的调查结果，但按照移动电子商务的发展趋势，这些数据应该已经有了较大幅度的增长。

参考案例

2016年初,阿里巴巴集团发起了第一个"阿里年货节",高举"洋货下乡,土货进城"的旗帜开展电商入村行动。"我为家乡送台戏"众筹活动是首个"阿里年货节"的一大亮点。"我为家乡送台戏"计划在2016年的元宵节把黔剧折子戏、川剧变脸、侗族琵琶歌等节目送下乡去,涉及河南、安徽、江西等九省(市)的30个贫困县。广大奋斗在外的游子纷纷参与众筹,并预购了几款金额不同的过年民俗产品。阿里巴巴很快完成了众筹,与文化相关部门联合开展"我为家乡送台戏"活动。

电商新媒体搭台,非物质文化唱戏,"阿里年货节"这种新媒体营销模式符合乡村电商发展的需求,也丰富了乡村群众的文化生活。阿里巴巴还利用众筹的手段把山东高密的美工剪纸、山东的胶东大馒馍、河南开封朱仙镇的木版年画等传统非遗技艺也纳入"阿里年货节"的销售体系中。此举大大促进了农村电商的发展。

运营电商类新媒体平台的关键是极力为消费者营造一种场景式的购物体验。移动互联网的发展,特别是在线支付的便捷性,让用户越来越习惯随时随地消费,而这种消费往往会超出用户的主观感受。营造场景式沟通体验一方面需要利用新媒体技术来丰富网购页面的趣味性,另一方面则要通过传播品牌故事来调动用户的情绪,使之对品牌怀有更多的认同感与消费需求。

随堂练习

请写下5个你消费最多的淘宝网店,说说你从中购买了哪些比较满意的产品。

网店名称	比较满意的产品

经验之谈

　　电商的蓬勃发展既让互联网经济变得更加繁荣，也让很多不法分子披上新媒体的外衣行骗。电商类新媒体平台运营者应当爱惜羽毛，重视保持良好的信用度；此外，在运营过程中也要避免过度营销，否则会让自己的老客户感到厌烦。我们处于一个营销套路无处不在的生活环境中，新媒体用户只是根据自身需要来选择必要的营销信息，其他时候不喜欢被商家打扰。如果不了解用户的这个特性，电商类新媒体就会被对方顺手拉黑。

4. 多平台运营增强活跃度

> **本节要点：**
> ◇ 多平台运营的必要性。
> ◇ 多平台矩阵的常见组合方式。

一个新媒体平台再火爆，影响范围依然存在局限，因为不同的新媒体平台对应的粉丝群体存在差异，同样的信息可能在这个平台上被传播得热火朝天，在另一个平台上却鲜为人知。为了让信息得到更充分的传播，运营者可以考虑多设置几个新媒体平台，通过多平台互动来增强活跃度。

如今，新媒体平台以"两微一端"（微博、微信、新闻客户端）为主体，此外还有数字杂志、数字报纸、数字广播、移动电视等其他平台可作为备选。运营者在力所能及的前提下，可以增加新的微博和微信公众号来侧重传播某一类内容，配合主微博及主微信公众号；也可以用其他类型的新媒体平台与"两微一端"结为宣传矩阵。

参考案例

2017年5月12日，《紫禁城》杂志官方微博@紫禁城杂志发了一条微博公告:"《紫禁城》电子杂志v2.0版本正式上线!《紫禁城》电子杂志v2.0支持ios及安卓版,在保留1.0版优秀阅读体验的同时,重新设计UI界面,视觉体验全面升级。同时,为响应广大客户的需求,新版电子杂志支持和纸刊同步发行,并且支持多种购买方式:单本购买或按年订阅,订阅过程方便快捷。故宫出版社与文藏平台携手发行《紫禁城》电子杂志APP(见下图)。100%还原纸质杂志中的内容,为广大文化读者和收藏爱好者提供精彩阅读体验。扫描二维码有ios和android两种下载方式(见下页图)。"

进阶篇

通过开辟新的新媒体平台,《紫禁城》杂志大大提高了自己的影响力,让许多没有购买纸质杂志的读者也能用手机阅读数字杂志。这种以新手段宣传传统文化的做法,非常值得其他非物质文化遗产宣传者借鉴。

随堂练习

请找出新浪微博平台旗下的5个新浪系官方微博,并分析他们主要负责运营哪个方面的内容。

微博名称	运营方向

经验之谈

具有强大社交功能的新媒体一方面让信息的传播变得越来越开放，另一方面，反而让人们的关注面变得越来越狭窄。你朋友的首页上传疯了的消息，在你的首页上未必会出现。但是，用户在微博上没看到的消息，可能会出现在微信等其他社交媒体上。只要你坚持多平台传播，你的用户就不会错过重要信息。

5. 做出内容规划和编辑日程表

> **本节要点：**
> ◇ 怎样规划新媒体的发布内容？
> ◇ 怎样制作编辑日程表？

新媒体运营者每天睡前都应该思考一个问题——"用户想要看什么样的内容？"

中国人口那么多，各个群体的价值观与风俗习惯千差万别，对内容的需求也呈现出多元化趋势。阳春白雪和下里巴人并存，严肃主题与娱乐恶搞同在；众口难调，没有谁能一刀切地满足所有人的需求。因此，新媒体运营者在找到自己的目标受众后，应该好好研究一下该群体最想看到什么东西。不要凭经验和直觉去猜，而要认真而踏实地调研。

总的来说，新媒体平台发布的内容无非两大类：一是转载他人传播的内容，二是发布自家原创的内容。这两类内容都必不可少。前者有利于新媒体运营者追踪热门话题、参与全民互动，借此扩大影响力；后者则是新媒体运营者的核心竞争力，决定了新媒体品牌的价值大小。

如今的新媒体行业存在同质化内容过多的弊病。这种重复生产的内容感动不了自己，吸引不了粉丝，少碰为妙。新媒体运营者在内容规划上应当向传统媒体看齐，尽量提高内容的深度与品质。当然，现代人生活工作压力大，运营者应该在制作内容时倾注自己的人文关怀。风趣幽默的段子，出人意料的创意，说到底都是为了让用户放松神经、愉悦心情。

总之，无论你选择哪个发展方向，内容规划都应该遵守原创性、实用性、观赏性、时效性、人性化等基本原则。一般情况下，新媒体平台应该用1/3的内容展示自己的产品、作品以及品牌，用1/3的内容来跟粉丝联络感情，用1/3的内容来转发热点消息或趣味知识。

在明确内容规划方向后，新媒体运营者应该制定一个编辑日程表，让内容制作和传播变得更规范、有序。编辑日程表里应该明确新媒体运营的每一个环节，包括选题方向、内容分配比例、内容编辑负责人、内容制作周期、推广的具体日期、组织活动的具体内容、在各个新媒体平台上的宣传重点，等等。

随堂练习

假设你是一名新媒体编辑，请对本周的发布内容做出规划。

日期	发布内容及推送时间
星期一	
星期二	
星期三	
星期四	
星期五	

续表

日期	发布内容及推送时间
星期六	
星期日	

经验之谈

　　新媒体营销是一项系统工程,既需要自由度,也不能忽视计划性。如果没有自由度,运营者的思路就会变得僵化,想不出令人欣喜的创意;如果没有计划性,运营者即使有再大的"脑洞"也只是想一想,没有真正执行。把创意转化为优质内容不能只靠灵机一动,而需要用详细的计划与坚决的执行做保障;否则,新媒体运营者就会养成"三天打鱼,两天晒网"的恶习,无法持续吸引自己的粉丝群体。

6. 延伸阅读：2017年新媒体平台的185个营销节点

2017年1月的营销节点

日期	相关活动	日期	相关活动
1日	元旦	2日	厦门国际马拉松，达喀尔拉力赛开幕
5日	腊八节	8日	第74届金球奖
13日	春运开始	20日	大寒，北方小年
21日	南方小年	27日	除夕
28日	春节，法国昂古莱姆国际动漫节		

2017年2月的营销节点

日期	相关活动	日期	相关活动
2日	春节假期结束，国际湿地日	3日	立春
4日	世界癌症日	9日	柏林国际电影节开幕
10日	国际气象节	11日	元宵节
12日	59届格莱美音乐奖	14日	西方情人节

续表

日期	相关活动	日期	相关活动
19日	亚洲冬季运动会开幕，NBA全明星赛	21日	春运结束，国际母语日
26日	第89届奥斯卡颁奖，东京马拉松	27日	世界移动通信大会WMC

2017年3月的营销节点

日期	相关活动	日期	相关活动
5日	两会，惊蛰，学雷锋纪念日	8日	妇女节，马航MH370失踪3周年祭
12日	植树节	14日	白色情人节，国际警察日
15日	消费者权益日	17日	国际航海日
20日	春分，国际幸福日	21日	世界睡眠日，国际儿歌日
22日	世界节水日	23日	国际气象日，香港巴塞尔艺术展
24日	世界防治结核病日	25日	地球一小时，东京动漫展
27日	世界戏剧日	28日	全国中小学生安全教育日

2017年4月的营销节点

日期	相关活动	日期	相关活动
1日	愚人节	2日	国际儿童读书节，世界自闭症关注日
4日	清明节	7日	世界卫生日，F1中国大奖赛上海站
11日	世界帕金森病日	13日	泼水节
14日	玉树地震7周年祭，黑色情人节	15日	春季广交会开幕
16日	复活节	17日	世界血友病日
18日	Facebook F8大会	19日	波士顿马拉松

续表

日期	相关活动	日期	相关活动
20日	谷雨，雅安地震4周年祭	21日	全国企业家活动日
22日	世界地球日，世界法律日	23日	世界读书日，伦敦马拉松
24日	世界儿童日	26日	国际秘书节
27日	全球移动互联网大会（GMIC）		

2017年5月的营销节点

日期	相关活动	日期	相关活动
1日	劳动节	3日	世界新闻自由日
4日	青年节	8日	世界红十字日，国际微笑日
11日	世界防治肥胖日	12日	汶川大地震9周年祭，国际护士节
14日	母亲节，玫瑰情人节	15日	国际家庭日
17日	世界电信日，戛纳国际电影节开幕	18日	国际博物馆日
19日	中国旅游日	20日	全国学生营养日，全国母乳喂养宣传日
21日	小满，全国助残日	22日	国际生物多样性日
30日	端午节	31日	世界无烟日

2017年6月的营销节点

日期	相关活动	日期	相关活动
1日	儿童节，世界牛奶日	2日	NBA总决赛
5日	芒种，世界环境日	6日	全国爱眼日

续表

日期	相关活动	日期	相关活动
7日	高考	8日	世界海洋日
11日	中国人口日	13日	E3游戏展
14日	世界献血日，亲亲情人节	15日	巴塞尔艺术展
17日	世界防治荒漠化和干旱日	18日	父亲节
21日	夏至，世界渐冻人日	22日	中国儿童慈善活动日
23日	国际奥林匹克日	25日	全国土地日
26日	国际禁毒日，联合国宪章日	28日	世界移动大会·上海
30日	世界青年联欢节		

2017年7月的营销节点

日期	相关活动	日期	相关活动
1日	建党节，香港回归20周年，国际合作节，世界移动大会	2日	国际体育记者日
6日	国际接吻日	7日	小暑，"七七"事变抗战纪念日
8日	世界过敏性疾病日	9日	圣迭戈动漫展
11日	中国航海日，世界人口日	14日	银色情人节
19日	香港书展	20日	人类月球日
23日	世界清洁工日	26日	世界语创立日
27日	中国国际数码互动娱乐展览会（China Joy）	28日	唐山大地震41周年祭，世界肝炎日，Tomorrow Land音乐节
30日	国际友谊日		

2017年8月的营销节点

日期	相关活动	日期	相关活动
1日	中国人民解放军建军90周年	3日	男人节
4日	爱丁堡艺术节	8日	全民健身日
13日	国际左撇子日	14日	绿色情人节
26日	全国律师咨询日	27日	美国火人节开幕
28日	七夕节	30日	西班牙番茄节

2017年9月的营销节点

日期	相关活动	日期	相关活动
1日	全国小学生开学日	3日	中国抗日战争胜利纪念日暨世界反法西斯战争胜利纪念日
5日	中元节,国际慈善日	8日	国际扫盲日
9日	国际新闻工作者日,世界急救日	10日	教师节,世界预防自杀日
12日	夏季达沃斯论坛	14日	音乐情人节与相片情人节
16日	世界清洁地球日,国际臭氧层保护日,德国慕尼黑啤酒节	17日	北京马拉松
18日	"九一八"事变抗战纪念日,世界水检测日	20日	全国爱牙日,公民道德宣传日
21日	世界和平日,世界老年痴呆日	22日	世界无车日
23日	秋分,全民国防教育日	24日	世界心脏日,国际聋人日,柏林马拉松
26日	世界避孕日,欧洲语言日	27日	世界旅游日
28日	世界狂犬病日,国际知情权日	30日	中国烈士纪念日,国际翻译日

2017年10月的营销节点

日期	相关活动	日期	相关活动
1日	国庆节，国际音乐日	2日	世界人居日，世界建筑日
4日	中秋节，世界动物日	5日	世界教师日
8日	寒露，全国高血压日，芝加哥马拉松	9日	世界邮政日
10日	辛亥革命纪念日，世界精神卫生日	11日	国际镇痛日
12日	国际关节炎日	13日	世界保健日，国际减灾日
14日	世界标准日，葡萄酒情人节	15日	国际盲人节，全球洗手日
16日	世界粮食日，世界消除贫困日	19日	乌镇戏剧节开幕
20日	世界骨质疏松日，世界统计日	21日	长征胜利82周年纪念日
22日	世界传统医药日	23日	霜降，北京马拉松
24日	联合国日，世界发展信息日	26日	环卫工人节
28日	重阳节，世界男性健康日，伦敦动漫展	31日	万圣节，世界勤俭日

2017年11月的营销节点

日期	相关活动	日期	相关活动
5日	纽约马拉松	7日	立冬，世界美容日
8日	中国记者节	9日	消防宣传日，吉尼斯世界纪录日
11日	双十一，光棍节	14日	世界防治糖尿病日，电影情人节
16日	国际宽容日，高交会开幕	17日	世界大学生节
18日	祭祖节	19日	世界厕所日
21日	世界问候日，世界电视日	23日	感恩节

续表

日期	相关活动	日期	相关活动
25日	国际消除家庭暴力日，国际素食日		

2017年12月的营销节点

日期	相关活动	日期	相关活动
1日	世界防治艾滋病日	2日	全国交通安全日
4日	全国法制宣传日	5日	国际志愿者日，深圳马拉松
7日	大雪，国际民航日	9日	世界足球日，国际反腐败日
10日	世界人权日	11日	中国加入世贸组织15周年
12日	双十二，西安事变纪念日	13日	南京大屠杀国家公祭日
14日	拥抱情人节	16日	广州马拉松
20日	澳门回归18周年纪念	21日	冬至（"冬至大如年"）
24日	平安夜	25日	圣诞节

第十章
以内容营销树立个性品牌

在相当长的一段时间内,"流量为王"观念盛行于新媒体行业。随着整个行业的发展成熟,大家开始认识到坚持"内容为王"的路线才能让新媒体走得更远。内容营销的核心是制作优质的内容,这是新媒体平台树立个性品牌的立足点。

1. 讲一个接地气的故事

> **本节要点：**
> ◇ 故事营销对新媒体的意义是什么？
> ◇ 怎样讲一个让目标受众喜欢的故事？

新媒体运营者的最终目标是营销推广，但有一点必须时刻牢记：你的目标用户并不是为了消费才光顾新媒体平台的。每个人的上网动机千差万别：可能是为了搜集所需资料，可能是想放松疲惫的心情，可能是追逐新闻趣事，可能是为了体验被大众关注的感觉，也可能是打算购物。无论是哪种情况，用户需要的都是增加脑内多巴胺的分泌量，让自己感觉更加快乐。讲一个让人听得津津有味的故事，是实现这个目标的最佳途径。

爱听故事是人类的共性。在新媒体时代，讲故事就是做营销。一则接地气的故事，能创造出一种具有感染力的情境，让用户自然而然地想埋单。他们也许从故事中感到了和自己一样的酸甜苦辣，也许被故事中的哲理所打动。因此，新媒体运营者讲述的故事在用户心中产生了价值，让他们觉得自己支付的金钱和时间物有所值。

参考案例

百事可乐每年都会推出《把乐带回家》系列的新广告片,这些广告片都包含了一个小故事。2016年是中国传统的猴年,于是百事可乐在猴年春节之前推出了《把乐带回家之猴王世家》的广告。

这则广告讲述了央视版《西游记》(即互联网上常说的老版《西游记》)中孙悟空的扮演者——六小龄童回忆家族百年历程的故事。"一家猴戏,千家乐;四代猴王,百代传"是本次内容营销的主题。六小龄童以旁白的形式回忆曾祖父、祖父、父亲、二哥和自己的事迹,发出了"苦练七十二变,方能笑对八十一难"的感慨。百事可乐作为道具植入故事时,恰好对应了"金箍棒交接了一代又一代,把快乐带去每一户人家"的台词。在广告结尾处,百事可乐巧妙地把场景设定成六小龄童参与《把乐带回家之猴王世家》点映礼,然后由青年偶像演员李易峰扮演的观众带头祝愿他"百事可乐"。

《把乐带回家之猴王世家》这个视频在微博、微信等新媒体平台上迅速走红,让无数1986版《西游记》青年观众产生了强烈的怀旧情怀。百事可乐的新媒体营销活动也大获成功。

故事营销的小技巧:

《腾讯2015公关手册(内部)》针对故事营销提出了10个办法:

(1)将企业故事融入行业、社会中;

(2)让读者产生情绪和角色代入;

(3)深挖内在逻辑,否则不如不做;

(4)不要贪大求全,选择"蓝海"切入;

(5)借力时效性,越快越好;

（6）选择与产品内涵关联最直接、最紧密的；

（7）碎片化时代，观点为王；

（8）日常做好产品内涵外延词分析储备；

（9）多看行业新闻，培养联想能力；

（10）增加数据、图片、超链接等信息，丰富故事内容。

随堂练习

请在互联网上搜索5个经典故事营销案例，并分析这些案例的哪些方面是成功的。

故事标题	成功之处

经验之谈

很多新媒体运营者的阅读量不够大，阅历也不够丰富，只是在四处照搬别人已经讲烂了的故事，再用插科打诨的语气改编一下。他们在短时间可以快速吸引一部分阅读量同样不够大的用户，但这种低门槛的同质化内容已经接近饱和，让大众感到审美疲劳。故事营销的精髓不是插科打诨的犀利语言，而是贴近生活的真情实感。

2. 好文案为产品加分

> **本节要点：**
> ◇ 文案在新媒体运营中的重要性。
> ◇ 如何写一个令人心动的好文案？

小看新媒体文案的运营者，很难有大成就。在这个段子手满天飞的时代，传统的产品广告早已寸步难行。不少运营者采取软文的形式来写产品广告，用99%的篇幅讲一个接地气的故事，以此包装那仅占全文1%篇幅的营销信息。但在很多时候，产品广告文案的字数受到严格的限制，可能连50个字都不到。这就要求新媒体运营者拥有堪比段子手的功力，写出一个短小精悍且完美展现产品特征的优质文案。

产品文案堪称对创意和文笔要求最高的文体。生硬的模仿是没出路的，一味插科打诨也只是徒有其表。想要用最精练的语言实现绝赞的效果，文案创作者就得遵循以下几条经验。

◎ 找出用户的痛点

用户的痛点就是对产品的需求。设计产品要立足于解决用户的痛点，构思文案也是如此。一个好的文案，要一针见血地指出用户最担心的痛点，同时指出文案中的产品可以解决这个问题。新媒体时代的文案最忌讳生硬地介绍产品，从用户痛点的角度切入，更容易获得他们的信任。

◎贴近用户生活

有些优秀的文案绝口不提产品，而是大篇幅描述用户的生活。工作的辛苦，赚钱的不易，买房压力大，孩子不听话，朋友不靠谱，等等，都是人们日常生活中的一部分。每个人在生活压力面前都会有不同程度的怨气。产品文案由此入手，会让用户感觉你很懂他，从而做出购买的决定。

◎制造消费场景

在一个好的产品文案中，消费场景是不可或缺的内容。用户与产品之间的主要联系发生在某个具体的消费场景之中。通过文案把那个消费场景刻画出来，用户可以更加明确自己购买这款产品能得到什么消费体验。

◎文字要"扎心"

"扎心了，老铁"是当前的互联网热门用语。新媒体营销的重要技法是感染情绪、打动人心。写文案的时候，文字一定要"扎心"，一针见血地戳中用户心中的苦闷、无奈、伤感、自嘲，让他们发出会心一笑。如果能做到这一点，用户就会把你当成知心朋友。

◎使用"急转弯"手法

90%的优秀文案都用到了转折手法。转折手法的精髓是打破人们的思维惯性，给对方来个出其不意的"急转弯"。新媒体运营者可以先写一段常识或者俗语，然后在结尾处突然话锋一转，把话题引到用户没想到的方向。此外，新媒体运营者还可以在文案前面猛灌心灵鸡汤，结尾突然让心灵鸡汤失去意义，变成"辣鸡汤""毒鸡汤"。这也是个效果不错的办法。

◎营造故事感

用寥寥数语讲述一个有头有尾有内涵的小故事，可以说是产品文案的最高境界。故事营销的好处无须赘言。但产品文案篇幅有限，想要三言两语说清故事主干，并能引发读者的想象，并不是件容易的事情。新媒体运营者可以用写微小说的方式训练自己用一句话讲出生动故事的能力。

随堂练习

请在互联网上找出自己最喜欢的5个营销文案，并分析它们在哪些方面做得成功。

文案标题	成功之处

经验之谈

文案的精髓在于感染力，而感染力取决于信息的准确性、定位的清晰度、表现手法的生动性以及主题和创意是否足够突出。这4个方面缺一不可。定位模糊的文案不可能充分揭示主题。假如信息失真，则再生动的表现手法也只能蒙蔽用户一时，一旦被发现弄虚作假，就会招致舆论的强烈反弹，运营者好不容易塑造的品牌形象就会被毁掉。

3. 创意，提升内容的含金量

> ☞ **本节要点：**
> ◇ 创意在新媒体运营中的重要性。
> ◇ 怎样制作富有创意的发布内容？

每一位新媒体运营者都会纠结一个问题——做内容还是求利润？你煞费苦心制作的原创内容，未必能给你带来丰厚的利润。而许多投机取巧者明明制作的不是什么精品内容，却利用营销手段赚得盆满钵满。

其实，看看那些优秀的内容制作者就知道。他们用创意提升了内容的含金量，用创意改变了大众的认识，这些都是营销技巧无法取代的东西。未来的新媒体用户只会越来越挑剔内容的质量，唯有奇妙的创意才能满足他们日益增长的巨大胃口。

参考案例

故宫淘宝官方微博善于想出新点子。有位粉丝在故宫淘宝微博下开玩笑说，能否出个叫"冷宫"的冰箱贴？在她看来，冰箱是用来制冷的，把剩菜剩饭放进冰箱好比是将其"打入冷宫"。故宫淘宝以前出过许多类似的小物件,所以那位粉丝才会抱着试一试的心态去开玩笑。

没想到,故宫淘宝微博真的转发并评论道:"现在都是一些什么人呀。"就在此时,其他粉丝用这个消息抄送给@海尔,问海尔集团什么时候能和故宫淘宝合作,联合出一款"冷宫"冰箱。

@海尔的运营者见状立即回复说:"容我考虑考虑。"网友们看到这个消息后,纷纷在微博留言表示支持海尔赶紧开发这么有趣的东西。这条微博的评论数与点赞数在短时间内超过了3万多次。于是@海尔就这么意外地在这场互动中火了。

紧接着,海尔官方微博运营团队马上与冰箱订制组的同事进行沟通,完成了一份用户调研反馈报告。据统计,有3万多名用户想要这款"冷宫"冰箱。海尔工程师开了个紧急会,决定研发"冷宫"冰箱。而海尔官微在24小时后发出了用户提供的"冷宫"冰箱设计图,并把消息抄送给故宫淘宝微博。仅仅过了一周,"冷宫"冰箱从玩笑变成了现实。海尔客服在第一时间把这款个性化定制的冰箱送到了提供设计图的用户手上。

创意并不是唾手可得的东西,既需要灵光乍现,也需要日常积累。新媒体运营者可以从以下3个方面汲取灵感。

◎粉丝用户

粉丝的创造力是无穷无尽的。自媒体的兴起让无数人找到了展示创意的舞台,并催生了轰轰烈烈的内容经济浪潮。新媒体运营者的粉丝用户成千上万,里面藏龙卧虎,等待着你去发现。

◎竞争对手

向优秀的竞争对手学习并不是一件丢人的事情。他们寻找灵感的方法,完全可以为你带来启迪。他们制作创意内容的技巧,也能为你指明提升自己的重要方向。

◎业内专家

业内专家是这个行业的佼佼者,说出的话会成为全行业的风向标。新媒体运营者应当随时盯紧业内发展潮流,这样才能具备先进的意识和开阔的视野。

随堂练习

假设你是一名新媒体策划编辑,请写下5个自己脑海中出现过的奇思妙想,并考虑实现这些创意需要哪些准备条件。

奇思妙想	准备条件

经验之谈

在新媒体时代,绝妙的创意比优美的文笔更加重要。只要内容富含奇思妙想,互联网用户就可以接受不加修饰的白描手法,甚至欢迎简单粗暴的语言风格。说到底,内容的含金量取决于创意的好坏,文笔更多扮演的是锦上添花的角色。新媒体运营者必须天天坚持在互联网上寻找和借鉴好创意,开拓自己的思路,做出更多新颖的原创内容。

4．内容运营的常见误区

> **本节要点：**
> ◇新媒体的内容运营有哪些常见误区？
> ◇怎样避免这些常见误区？

美国新媒体营销专家加里·维纳查克认为，酷炫的营销内容会让用户乐于主动跟大家分享，它可以是一个段子、一张图片、一篇文章、一幅漫画、一首歌曲或一个文字游戏。酷炫的营销内容没有固定的公式，但无论以何种形式呈现，它必须与自己的所属品牌及用户具有足够高的关联性。新媒体运营者做内容的时候，需要注意避免以下7个误区。

◎语调平淡、呆板

趣味性是新媒体的一大亮点。人们可以在新媒体平台上找到无数有趣的信息。这大概已经成为你每天用手机上网的主要动力。既然有意思的信息不计其数，那么谁会对语调平淡、呆板的内容有好感呢？请记住，你必须打造一个有趣的新媒体，内容丰富而生动是最起码的要求。

◎信息不全

内容运营不能动辄搞长篇大论，用户的时间宝贵、注意力稀缺，精简易读的东西最受他们欢迎。但是，有的新媒体运营者只顾迎合读者的碎片化阅读习惯，而没做好内容加工，导致展示的信息不够完整。这容易让读者对你的本意产生误解。如何用最精简的形式表达更全面的信息，是内容制作的一大难点。新媒体运营者必须认真钻研。

◎文不对题

再好笑的段子一旦文不对题，就失去了价值。很多新媒体运营者的语言水平有所欠缺，行文只顾插科打诨，逻辑不够严谨，拿着无知当情趣。这样的内容还不如枯燥的产品说明书有关注价值。任何优质内容都是以扣题为大前提的，忽略这个常识的新媒体运营者不可能被大众欢迎。

◎发文形式选择欠妥

合理的发文形式能让内容升值。因为用户喜欢浏览内容与形式完美结合的信息。假如发文形式没选对，宣传效果就会大打折扣。比如，向阅读能力不够强的低龄用户推送长微博，不可能吸引他们的注意力；向口味严肃的用户发恶搞版的内容，也许会遭到他们的反感。

◎没有与读者互动

优秀的内容制作者会讲一些富有人情味的话，引起大家的思考和讨论。对于那些精辟的粉丝评论，新媒体运营者应当及时转发和称赞，让粉丝感觉你尊重他们。无论你制作的内容多么精美绝伦，都不要摆出一副高高在上的姿态，以免跟读者产生隔阂。

◎没有标注标志（logo）和品牌链接

内容运营是为营销推广服务的。在文章的结尾处标注自己的标志（logo）和品牌链接（比如微信公众号的二维码等），可以让大众记住你的品牌，产生深入了解的兴趣。假如内容里没有标志（logo）和品牌链接，大家在别的地方读完内容后并不会自动去找你的新媒体平台，甚至一些营销号连

"转载"都不标注,直接把你辛辛苦苦发的内容窃为己用,骗取大量人气。

◎发布时间选择不当

时效性在新媒体运营中是个非常重要的概念。选对了最合适的时间段,你发布的内容就会第一时间被粉丝们阅读和转发;否则,他们就会被别的信息夺走注意力,过了很久才看到你的内容。这样一来,运营者就少了很多引爆热点的机遇。

一般来说,早上6点到9点是第一个推送时间段,大家在上班路上会利用碎片时间看最新信息;第二个推送时间段是12点到下午1点半的午休期间,用户会浏览信息来放松精神;第三个推送时间是下午6点到晚上8点,人们在下班途中浏览网页、玩游戏打发时间;最后是晚上10点至11点,大家睡前最后的娱乐时间。

由于这4个时间点是人们上网最频繁的阶段,你新发布的消息会很快映入他们的眼帘,而不至于被别人发布的信息挤到首页下面。当然,刚引爆的热点话题需要紧跟,连夜赶工制作内容(传统媒体也是这样做的),尽量抢先分布。假如不是热点新闻,就可以按照上述几个最佳时间点来推送信息。宁可推迟发布,也要尽可能地抓住用户流量最大的时间段。

随堂练习

请上网寻找5个新媒体广告,然后查看这些广告是否存在上述某个不足。

广告名称	存在的问题

续表

广告名称	存在的问题

经验之谈

　　内容运营最忌讳急于求成。在这个版权意识淡薄的互联网环境中，虽然有些抄袭者剽窃他人的原创成果并未受到惩罚，但新媒体运营者不能因此放弃看似费力不讨好的原创内容。随着国家对版权保护的投入越来越多，人们的版权意识也在增强。坚持原创的业界良心是迟早都会发光的金子，因为他们掌握了创意文化产业的核心竞争力，只缺一个变现价值的机缘。

5．延伸阅读：腾讯Next Idea x 故宫H5邀请函

  2016年7月，腾讯集团与故宫博物院联合推出了Next Idea x 故宫H5邀请函。当用户点开邀请函的时候，屏幕上会出现一个起始页面（见下图），并听到一道入宫宣传令："哎，各位看官就位了，咱们主角要出来了。"

接下来,用户会看到故宫博物院收藏的明成祖朱棣的画像。然后,明成祖从画中突然走下来,戴着墨镜,跳着"魔性"的舞蹈(见下图)。

明成祖就是这则H5邀请函的男主角。他会像导游一样带你去玩转虚拟的故宫,只不过这个虚拟的故宫看起来有点怪。

当明成祖以各种搞鬼搞怪的表情说唱RAP时,不知你是什么感受,反正很多网友忍不住截图发到了微博和朋友圈里。在H5邀请函的结尾,会出现"进宫报名"和"分享一下"两个按钮(见下图)。由于无数网友顺手点击了"分享一下",H5邀请函《穿越故宫来看你》上线第一天的访问量就突破了300万。

进阶篇

 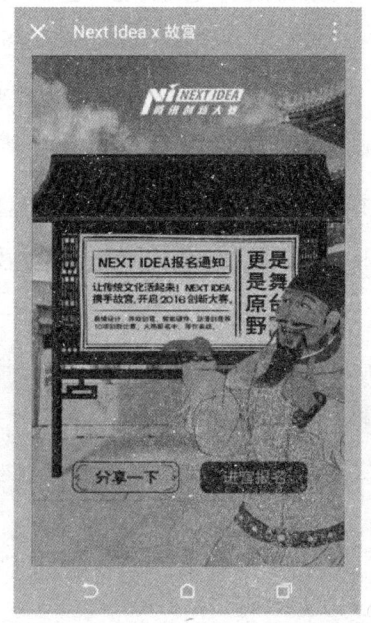

  这个充满创意的优质内容产品,能取得如此成就并不奇怪。我们通过这个案例不难明白,优质内容是新媒体营销最重要的保障。如果想要从无数竞争者的重重包围中脱颖而出,那么最重要的依然是提高创意水平和内容制作水平。

  《穿越故宫来看你》之所以受欢迎,最关键的还是出人意料的创意。如今的消费者在精神文化方面的需求越来越多。那种融合传统文化精华,却又能很好地融入互联网时代生活节奏的东西,更容易引发广泛传播。故宫作为明清皇城原本是传统文化的象征,但故宫博物院却以古画中的人物选项为素材,配合说唱RAP等现代时尚元素,来了一次奇妙的中西结合。

  庄严肃穆的明成祖一瞬间转变成欢乐风趣的笑星,用二次元文化来解释,这就是所谓的"反差萌"。当强烈的反差集中在同一个人身上时,我们的注意力就会被不由自主地吸引，并对这种别出心裁的混搭元素感到新奇。人们已经因长期使用社交媒体而养成了习惯，只要看到了有趣的东西，就迫不及待地想转发给别人。《穿越故宫来看你》的迅速走红，归根结底，还是因为内容制作充满灵气。

  由此可见，故宫博物院新媒体运营团队非常熟悉当代消费者的特点，尤其是把"80后""90后"年轻人的心思摸得一清二楚。《穿越故宫来看你》H5邀请函只是他们无数创意中的一个。他们致力于通过这种特殊的形式，让故宫文化在新媒体平台上发扬光大。事实证明，这种做法的效果的确显著。

第十一章
像经营部落一样维护粉丝

"粉丝经济"不再是时髦的营销名词,但粉丝思维已经渗透到新媒体行业的每一个角落。没有粉丝的新媒体毫无生命力可言。新媒体运营者不仅要凝聚大量粉丝,还要跟他们打成一片,共同打造一个具有鲜明群体文化特色的社群。

1. 了解二次元群体的文化特征

> **本节要点：**
> ◇ 什么是二次元文化？
> ◇ 为什么二次元文化会影响其他互联网用户？

经常上网的朋友不会对"二次元"这个网络用语感到陌生。"次元"是"维度"的意思，"二次元"指的是二维世界，即虚拟世界。现实世界是三维世界，被称为"三次元"。二次元最初是ACGN亚文化圈的专门用语，后来逐渐扩散到其他互联网用户群体。ACGN亚文化圈即动画（Animation）、漫画（Comic）、游戏（Game）、轻小说（Novel）爱好者构成的文化圈，这是二次元文化的主要载体。

二次元文化起源于日本，后来传入中国。据大数据研究机构艾瑞咨询预计，中国的二次元核心用户在2017年即将达到8000万人以上，二次元群体的总体规模将超过3亿人，其中97%以上是"90后"与"00后"的年轻人。据艾瑞咨询推断，二次元群体已经覆盖了60%以上"90后""00后"等新生代人口。

二次元群体是一个具有独特内容偏好、行为特征和心理属性的亚文化圈子。他们有着自成一体的网络话语体系和文化逻辑,不熟悉二次元文化的人难以与之沟通。二次元文化最初只是小众文化,但二次元文化特征最明显的"90后""00后"群体不断成长,逐渐演变为互联网上的主流文化。

工业和信息化部信息中心发布的《2017年中国泛娱乐产业白皮书》指出,随着国产动漫的快速发展,"二次元"的概念和范围不断延伸,国内的二次元群体快速扩张,二次元文化正在逐步主流化。

对所有的新媒体运营者而言,二次元群体的传播能力和消费能力极其惊人,超过了其他所有互联网群体。比如,2016年1月在中央电视台首播的纪录片《我在故宫修文物》本来反响平平,但该片被上传至国内二次元视频网站哔哩哔哩后,迅速在互联网上走红,故宫博物院、故宫淘宝的新媒体营销也被这股热潮带动起来。

我们必须正视这个现实:热爱二次元文化的年轻一代人逐渐掌握了新媒体舆论的主流,也代表了新的内容创作及传播方式。有意思的是,二次元群体的胃口非常多元化,从最新潮的内容到最传统的经典无所不包,这又使互联网文化在一定程度上变得更加包容并蓄。

如今,"非腐即宅""万物可萌""重要的事情说三遍""我也是醉了""脑洞大开""傲娇""给力""前方高能预警"等二次元用语已经超越了二次元群体,被主流文化所接纳。许多老年网络红人也喜欢使用这些充满青春趣味的语言。新媒体运营者只有主动适应这个互联网发展趋势,才能有所作为。

随堂练习

请从网上找出5个二次元文化团体,并写出他们参与或组织过哪些文化活动。

二次元文化团体	相关活动

经验之谈

互联网上的二次元文化已经从线上虚拟世界向线下现实世界进军。二次元文化催生的种种创意文化产品在国内外各种动漫文化节中扮演主角。热爱二次元文化的"80后""90后"的网民已经成为社会各行各业的中坚力量。这使得互联网文化不断突破次元壁,更深刻地融入我们的日常生活中。新媒体运营者只有熟悉这些东西,才能迅速融入自己打算发展的二次元群体用户。

2. 分享内容，引发粉丝互动

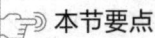本节要点：

◇人们分享信息的动力是什么？

◇怎样与粉丝互动效果更好？

人们分享事物的原因主要有两个：有趣，有用。有趣的内容令大家身心愉快，分享者也会觉得脸上有光。分享具有实用价值的信息如同雪中送炭，可以让分享者感受到助人为乐的自豪感。美国的乔纳·伯杰教授在统计网站热门文章后发现，有趣的文章成为热门文章的概率比普通文章高出25%，有用的文章成为热门文章的概率比普通文章高出30%。

新媒体运营者在分享内容时不仅要注意趣味性和实用性，还要懂得心理学。尽管负面消息总是传得比正面消息快，但是我们也有足够的理由相信，人类更希望听到对方分享好消息。生活中不如意的事情已经够多了，如果再天天从朋友圈里接受充满负能量的信息，心情就会变得更加糟糕。

新媒体运营者必须明白一点，你的粉丝希望从你这里得到更多的快乐或喜悦，而非忧愁或悲伤。社交互动往往始于分享，成于沟通，毁于伤害。假如分享之人给对方留下好印象，那么他提供的信息就会得到更多的分享次数。粉丝互动是一个不断分享的过程。运营者把快乐传递下去,这份心情会带着无数粉丝的欣喜回馈给运营者。

参考案例

  许多新媒体营销号喜欢发一些心灵鸡汤励志文和恶搞段子,这在短期内确实能引发粉丝的关注,但缺少足够的互动。小米公司的新媒体运营团队则不太喜欢发这些没营养的内容,而是为"米粉"提供具有互动性、参与性、新闻性和实用性的内容。

  小米微博矩阵的每个账号的每天平均发文数通常在8条以内,其中至少4条是原创内容。小米微信公众账号一直追求产品的传播,并要以此拉动销售。为此,小米只是围绕核心用户的需求来做内容,进而提升小米用户的存在感与参与感。

  不少企业新媒体运营者只是一味地提高品牌的曝光度,但很少跟用户分享各类有趣或有用的信息,也很少解答粉丝的提问。小米用户则觉得小米微博矩阵给的信息很有用,会主动分享给自己的朋友。因此,小米产品的品牌影响力也在接力式的分享过程中越传越广。

随堂练习

  请写下你在朋友圈里最常见的5类分享内容,并分析其受欢迎的原因。

分享内容	流行原因

续表

分享内容	流行原因

经验之谈

新媒体与传统媒体的一个重要差异就是分享信息的能力更强。新媒体运营者应该避免新媒体平台沦为单纯的广告展台、公告栏以及在线客户服务平台。粉丝喜欢的不光是你的东西。他们希望一个互联网平台能一次性满足自己的消费需求、社交需求、求知需求。如果新媒体运营者在主推营销信息的同时分享前面提到的各种信息，粉丝就会把更多的注意力分配到你这里。

3. 组织趣味活动，培养用户习惯

本节要点：
◇新媒体用户的习惯可以培养吗？
◇怎样培养用户的习惯？

人们都有模仿和从众的心理，尤其是在新媒体时代，集群效应会被放大。如果你的产品足够突出，你做的事情很有趣味性，就会引起大家的注意，吸引更多的人选择你的产品。当信息在社交平台上不断传播时，人们会出于从众心理去跟风模仿。模仿的次数多了，用户就会养成相应的习惯。

新媒体运营的一大目标就是培养用户的消费习惯，让他们对你的产品或服务产生较大的依赖性。互联网行业将其称为"用户黏性"。用户黏性越高，用户带来的经济效益和社会效益就越大。想要提高用户黏性，新媒体运营者就应该经常组织一些趣味活动，让参与活动的用户养成有利于营销的习惯。

参考案例

杜蕾斯的微信公众号"小杜杜"在朋友圈迅速走红源于一次免费福利

活动。

2012年12月11日,"小杜杜"在微信上发出活动公告说:"杜杜已经在后台随机抽中了十位幸运儿,每人将获得新上市的魔法装一份。今晚10点之前,还会送出十份魔法装!如果你是杜杜的老朋友,请回复'我要福利',杜杜将会继续选出十位幸运儿,敬请期待明天的中奖名单!"

新上市的魔法装奖品只有10盒,但仅仅过了两个小时,就有数万人在杜蕾斯微信公众号下回复"我要福利"。10盒套装换来几万粉丝,这就是微信朋友圈转发带来的影响力。

运营者应当做好一个活动规划,根据每年、每月、每周的节假日及重大活动来规划最基本的社群趣味活动。每次活动应当设置鲜明的主题,并搭配有奖问答或转发抽奖之类的小节目,以便更好地调动大家的情绪。

此外,当热点事件或突发事件不期而至的时候,新媒体运营者可以暂时放弃原计划,争分夺秒地围绕当前最新热点来制订活动计划。要知道,绝大多数网友都喜欢跟踪热点话题,积极表达自己的态度。运营者应该根据目标用户群体的思想、情感、行为特征投其所好,让他们把你当成可以信赖的自己人。

随堂练习

假设你是一名新媒体策划编辑,请写下你最希望组织的5个活动。

活动名称	活动内容

续表

活动名称	活动内容

经验之谈

　　用户习惯往往是顽固的，因为这让他们觉得简单方便，不用费太多脑筋去考虑琐碎之事。新媒体运营者在培养用户习惯时一定要贯彻"便利性"原则。设计应用产品时要便于用户操作，分享内容时要便于用户浏览。运营者可以先假设用户是没有耐心的人，然后把一切都控制在急性子用户能容忍的范围内。越容易上手的东西，越容易形成习惯。别人习惯了你的产品和服务后，就很难接受使用方式完全不同的其他品牌了。

4. 我们都是垂直社群的一员

> 👉 **本节要点：**
> ◇ 为什么说运营团队也是垂直社群的一员？
> ◇ 应该吸收哪些新成员来壮大垂直社群？

从形式上说，垂直社群体现为新媒体运营者成立的各个QQ群、微博群、微信群。这些新媒体平台都是粉丝用户的活动联谊场所。不过，真正成熟的垂直社群必然对应着一个稳定的细分目标市场，社群成员有着共同的兴趣爱好与消费习惯，对新媒体运营者代表的品牌有较高的认同度。大家既是意气相投的朋友，也是互惠互利的交易伙伴。隔阂感是社群运营的大敌，为此，新媒体运营团队要跟粉丝用户们打成一片，亲如一家，否则，垂直社群无法获得足够的凝聚力。

构建社群是新媒体运营者当仁不让的使命。然而，有的运营者不假思索地随便拉人入群，搞得社群像菜市场一样杂乱。到头来，老朋友们越来越不喜欢群里的氛围，纷纷流失，鱼龙混杂的新成员不干正事，天天闲聊，社群已经名存实亡。为了避免出现这种情况，运营者应该从以下几类网友中发展新的社群成员。

◎公司品牌的铁杆粉丝

他们是公司产品的资深用户，对公司品牌抱有深厚的感情。他们有浓厚的兴趣帮企业传播口碑，活跃度在所有的口碑讨论者中高居榜首。他们不仅喜欢上公司的各种网络宣传平台，还会自发组建论坛、QQ群、微信群、粉丝团微博等平台来帮你做宣传。

◎喜欢有你公司标志（logo）的产品的用户

不少商家喜欢把标志（logo）印在帽子、文化衫、手提袋、杯子等物品上。如果哪位游客拥有其中一种或几种物件，他就成了一个行走的广告。你的品牌标志（logo）将出现在他们经过的所有公共场合，被更多人看到。这样的产品发烧友怎能不积极笼络？

◎内部优秀员工

新媒体运营者也应该把本公司的优秀员工纳入社群当中。他们和你一样熟悉自家的产品和品牌文化，能帮你回答很多用户的问题。优秀员工的使命感很强，会积极协助你在社交媒体上努力扩大本公司的品牌影响力，成为口碑营销的组织者。

◎给你好评的客户

他们对你的产品和服务有较高的满意度，只要你用心维系，就能培养出较高的品牌忠诚度。新媒体运营者应该主动邀请他们参与社群活动当中，这份诚意比100句"谢谢"更有用。

◎喜欢在热点消息下面发评论的网友

他们不一定是你的产品用户，他们可能给好评也可能给差评。只要关于你的话题在社交媒体上出现，他们就会兴致勃勃地参与讨论。假如话题对运营者有利，他们就是很好的助攻队友；假如话题对运营者不利，他们就是"墙倒众人推"里的"众人"。

◎喜欢收集各种消息的网友

有的网友酷爱收集各种冷门知识和八卦信息。他们往往是热门话题的最初发起者和传播者，其他网友也乐于看他们分享的内容。商家的产品信息、管理心得、逸闻趣事，都是这类人比较关注的信息。假如把他们纳入社群当中，新媒体运营者就相当于多了许多耳目。

◎与你业务范围有关的专业人士

媒体特约评论家、专栏作家、各行各业的专业人士（通常也是自媒体大V）等人在各种社群里都扮演着意见领袖的角色。假如把他们纳入社群中，他们的粉丝中就会有相当一部分人成为你的潜在客户。

总之，新媒体运营者一定要学会跟粉丝们打成一片，不要把自己当成垂直社群的统治者，而应该以平等的身份与每一个粉丝交流。新媒体运营者本身也是垂直社群的一员，而且是社群文化的主要缔造者。社群成员也许会像流水的兵一样来来去去，但只要社群文化建设到位，社群就能不断吸引新人加入，让整个垂直社群保持良好的发展势头。

随堂练习

请观察你加入的微信群，找出5个自己最感兴趣的ID并说明理由。

你感兴趣的ID	关注的理由

经验之谈

有些业内人士把"灵魂用户"称为"粉头",即粉丝群体中的头目。粉丝中的灵魂用户具有很强的鼓动能力。假如他们心术不正,就可能在粉丝群里挑起纷争,把新媒体平台搞得乌烟瘴气。有的粉丝会先取得运营者的信任,获得代理运营的权限,然后在群里排除异己,随便踢人出群,最后反过来威胁作者花钱买回自己的几个粉丝群。假如运营者不从,他们就删除粉丝群里的资料,解散整个群,让你跟积累多时的粉丝们失去联系。这种卑劣的套路并不少见,新媒体运营者不能不提防。

5．不断改善粉丝的用户体验

> **本节要点：**
> ◇粉丝的用户体验对新媒体运营有哪些影响？
> ◇怎样改善粉丝的用户体验？

美国的安迪·赛诺维兹教授说过："口碑上了网，可谓如虎添翼，其传播速度之快、影响之广，令人无从掩饰。"口碑决定了你在新媒体平台上的形象是众星捧月还是万人唾弃。追根溯源，品牌的口碑源于用户体验，即用户对产品或服务的使用体验。如果你的产品过硬、服务贴心，人们自然会夸赞有加，乐意帮你做义务宣传员。如果你工作不力，人们就会把自己的不满释放到社交媒体上，让你的负面消息传播到他们的朋友圈。

再好的广告文案也修不好故障频出的产品。只要24小时，消费者的用户体验就会迅速传开，那种以次充好的小花招分分钟会被揭掉遮羞布。所以，老老实实地改善用户体验才是人间正道。

其实，很多企业的产品跟别家比并没有技术上的"代差"，只是各有特点。消费者认的是品牌和用户体验。你的品牌个性鲜明、识别度高，就容易被大众记住。假如用户在互动和消费过程中获得了良好的用户体验，他们每次上网时都会不假思索地优先选你。

参考案例

  杜蕾斯官微以机智风趣享誉新媒体行业，广大粉丝感叹"小杜杜"回复很及时，仿佛不吃不喝一直在线。互联网行业有传闻说杜蕾斯新媒体运营团队拥有一个8人陪聊小组，但这并不是事实。当然，杜蕾斯运营团队确实在不同时间段安排不同的编辑跟用户进行互动。编辑们之所以能在最短的时间内回复众多网友，秘诀在于"标准化"三个字。

  杜蕾斯总结了200多条标准化的回复内容，几乎覆盖了用户最常见的各种问题。回答的句式设计得非常人性化，毫无生硬之感，如同朋友聊天。值班编辑只要根据用户的提问方向来选择对应的回复内容，就能满足大多数用户的需要。运营者在面对大量重复问题（实际上很多人会提同样的问题）时不必从头开始组织语言，可以迅速完成流水作业，省去了很多时间和精力。所以，杜蕾斯官微才能尽可能地回复更多用户，让他们感觉自己被重视。

  满足用户的被尊重感是一种重要的用户体验。美国学者约瑟夫·派恩和詹姆斯·吉尔摩提出了"体验经济"的概念。体验经济的思路是"以服务作为舞台，以商品作为道具"，吸引用户的注意力，让他们在消费体验中得到满足。

  新媒体运营为"体验经济"的发展创造了良好的条件。通过不断改善粉丝的用户体验，新媒体平台就像一个巨大的黑洞，持续吸引新粉丝和新资源，让企业品牌下的社群变得更加生机盎然。

随堂练习

请写下微博让你感到用户体验不佳的5个地方,并提出相应的改进意见。

用户体验不佳的地方	改进意见

经验之谈

"体验经济"的概念已经在商界炒热。用户体验不再只是对产品设计的要求,已经逐渐形成了一个产业。体验经济的发展手段虽然多,但是归根结底无非从两个方向切入:一个方向是让用户能以更便捷的方式使用产品和服务,另一个方向则是给用户带来更好的感官体验。总之,新媒体运营者应当努力在便捷操作与感官刺激两个方面满足用户的需求。

6．延伸阅读：哔哩哔哩网站冠名上海男篮

新媒体时代的人们经常穿梭在二次元世界和三次元世界，按照两个世界的不同文化背景来切换自己的形象。大家通常认为二次元的言行风格不适合出现在三次元当中，然而二次元文化的代表哔哩哔哩网站居然冠名上海男子篮球队。这让许多人惊呼"次元壁被打破了"，并将上海哔哩哔哩男子篮球队称为"史上最萌CBA篮球队"。

上海大鲨鱼篮球队在2016—2017赛季CBA联赛中改称"上海哔哩哔哩篮球队"。关于哔哩哔哩网站，上海大鲨鱼篮球俱乐部介绍道："'哔哩哔哩'是国内知名视频分享网站，被粉丝简称为'B站'，据称拥有2200万日活跃用户、14亿弹幕总数，每日视频播放量超过1亿，UGC自创视频超过800万。哔哩哔哩最大的特色是悬浮于视频上方的实时评论功能，爱好者称之为'弹幕'，这让哔哩哔哩成为极具互动分享和二次创造的潮流文化娱乐社区，也是众多网络热门词汇的发源地之一。"

对影视节目的二次创作是B站常见的娱乐活动，这使得B站在国内二次元文化领域占据了极其重要的地位。

进阶篇

下图是B站用户年龄调查饼图：

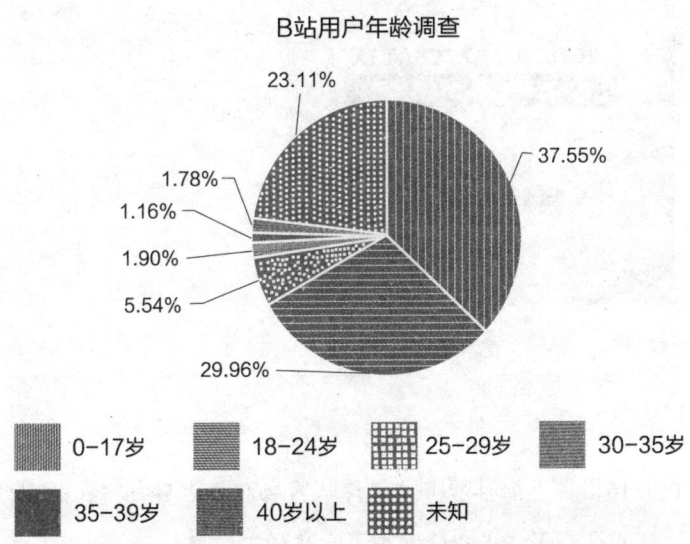

根据上图可知，B站用户中最大的主体是0~17岁的青少年，其次是18~24岁的青年用户，25岁以上的各种用户群体的总和不到10%。由此可见，B站是年轻人的天下。

上海男篮对B站的加入持乐观态度。因为赛场的娱乐文化是CBA职业联赛中不可缺少的一部分，B站的二次元娱乐元素不仅能够烘托比赛气氛，还能吸引更多年轻的球迷看比赛。

B站的官方微博@哔哩哔哩弹幕网在微博平台上热情地宣传上海哔哩哔哩的篮球队的每一次比赛。2016年11月2日，@哔哩哔哩弹幕网播报了上海哔哩哔哩篮球队的主场首战——与江苏同曦队的比赛。

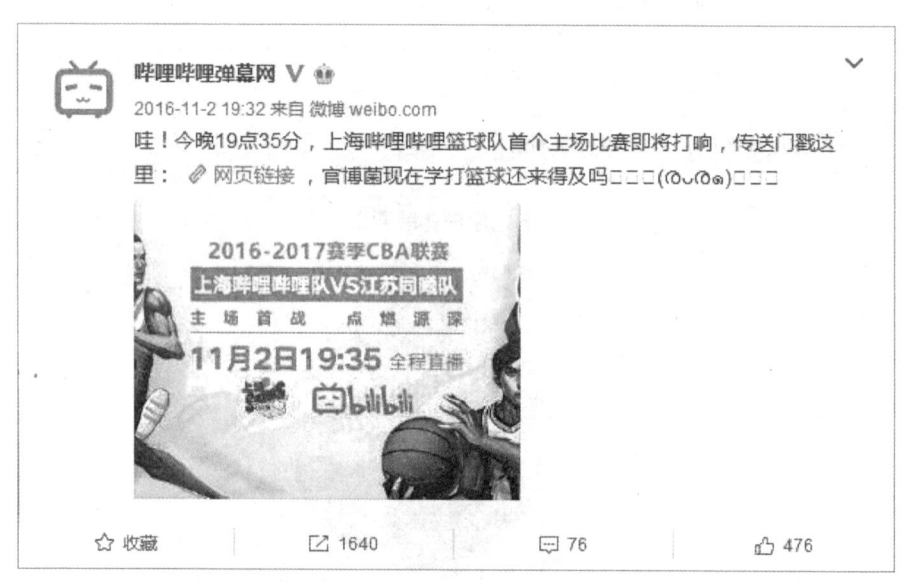

同年11月16日，上海哔哩哔哩篮球队客场对阵吉林九台农商银行队。@哔哩哔哩弹幕网在当天18点57分发布了比赛预告信息。

在这条微博中，@哔哩哔哩弹幕网发送了比赛直播间的地址，同时也给广大球迷及B站网友分享了上一场比赛的精彩集锦。

B站的核心功能"弹幕"，原本用来给观众即时评论影视动漫节目。现在用来做体育比赛直播，可以说是好钢用了在刀刃上。因为体育比赛充满了激情，过程紧张刺激，扣人心弦。球迷们在现场看球时就会忍不住呐喊助威，发表议论，表达自己的即时感受。奈何比赛现场太吵，你很难跟邻座的朋友正常对话，没法第一时间把自己的想法让所有人的看到，让所有人都听到。但人们在B站看直播时，每个人都可以发弹幕，点评每一个细节，并且看到其他人的吐槽。说不定，你会惊奇地发现有不少网友跟你的感受一模一样。然后，一段新的社交关系就开始了……

此外，B站网友还会利用球赛视频制作出更多的衍生作品。比如，把自已喜爱的球星的精彩表现剪辑出来，把比赛中的经典得分做成花絮，为某段比赛录像配上搞笑的背景音乐。这些充满发散思维的创意，不仅会让球迷网友大饱眼福，甚至会吸引很多非球迷的关注。上海哔哩哔哩篮球队的人气也水涨船高。

总之，二次元文化带来的粉丝效应是一股潜力巨大的能量。B站打破次元壁，与竞技体育产业合作，算得上是中国二次元文化发展的一座里程碑。新媒体运营者应该适时打破传统思路，把粉丝的线上娱乐与线下活动结合起来，不断创造新的跨行业组合。

第十二章
未来新媒体的演变趋势

> 新媒体的迭代速度非常快，今年的成功模式说不定到了明年就会被超越。颠覆与被颠覆是移动互联网时代的常态，不进则退是新媒体领域的普遍真理。为了更好地把握明天，新媒体运营者应当充分了解未来新媒体将朝哪些方向进化。

1. 趋势一：做小而美的可视化内容

**本节要点：**
◇ "读图时代"是否会将文字说明淘汰？
◇ 可视化内容为什么更容易被人们理解？

据专家统计，新媒体时代的互联网用户有60%~70%的信息是通过图像方式来获取的。如果不信，你看一下自己的微博和微信里最火爆的转发内容，它们不是把文字和图片融为一体的"一图流"，就是短视频与直播，最起码也是图文并茂、标题抢眼的"干货文"。毫无疑问，纯文字时代已经被"读图时代"终结了，融合多媒体于一身的可视化内容正在大行其道。这是因为可视化内容能让人们在碎片化时间里最高效地获取信息。

可视化内容运用图像和图表来描述抽象事物，其最大的天然优势是"易读性"。我们在阅读文字的同时，大脑也在把文字转换为对应的图像。这使得读者要消耗更多脑力去解读信息。当观众观看可视化内容时，跳过了自己在脑海中想象画面的过程，一步到位地接受了内容。所以，我们会觉得看可视化内容比看纯文字内容更加轻松省力。

信息越容易被解读，传播效率就越高。如今的可视化内容已经发展到文字、图像、声音相结合的形式，完美地统一了内容的趣味性和知识性。

参考案例

英国老牌媒体《卫报》是全球第一个成立数字新闻部的媒体。《卫报》制作可视化内容的经验在新媒体领域中称得上是元老级别。其基本流程是：根据营销目标来搜集信息并分析数据，再将文字和数据转化为插图、表格、流程图、效果图，以及漫画、动画、视频等形式的可视化内容，把有深度但比较复杂的内容变成简单易懂的"一图流"或"短视频流"内容。

中国广播网官方微信公众号"央广新闻"也通过定期推送"一图读懂"形式的可视化内容来解读国家政策与新闻热点。其新闻客户端也因"一图读懂"系列而受到读者欢迎。无独有偶，浙江日报报业集团旗下的"浙江新闻"客户端也从2014年8月开始推出"话图侠"栏目，这同样是以可视化读图的方式来报道新闻。

今天的新媒体运营者相继增加了可视化内容的推送比例，极力让用户一眼看到重点，了解结论。比起精心炮制的"一图流"，1~7分钟不等的短视频与直播视频更容易引发互动。甚至政府机构的官方微博都学会了用动漫的形式来做"两会"等重要公告内容的报道，向广大网民科普相关的知识与政策。由此可见，顺应"读图时代"的潮流是新媒体营销的大势所趋，运营者不可不察。

随堂练习

假设你是一名新媒体内容编辑，请写下你现在最想做的5个选题，并思考相应的可视化表现形式。

选题方向	表现形式

经验之谈

　　内容可视化是新媒体时代的重要发展方向。但需要注意的是，文字是一切内容的基础。虽然新媒体运营者最终会采用图片、视频、动画、微电影等可视化形式来传播内容，但是在制作内容时少不了写大纲要求及其他文案。文字准备工作越扎实，可视化内容出精品的概率越大。新媒体运营者若是忽视文字工作的重要性，就会影响可视化内容的制作水平。

2. 趋势二：垂直化运营，线上连通线下

> **本节要点：**
> ◇ 垂直化运营的路径是什么？
> ◇ 怎样把线上与线下活动结合到一起？

随着内容营销的强势回归，新媒体行业越来越重视知识的分类和精细化。立足于单个领域的垂直化运营，成为各大新媒体平台的发展潮流。这是一种精耕细作的运营方式。资源雄厚的新媒体平台寻找各个领域的自媒体达人，将其列入重点扶持对象，借助这些垂直类自媒体的力量来获得相关标签下的优质内容。每个垂直化运营团队专门负责整合同一类自媒体，无数个垂直领域共同构成了一个无所不包的知识矩阵，让新媒体平台提纲挈领地掌握更多的细分目标市场。

参考案例

新浪微博平台对所有认证加V的博主进行分类，如微博历史博主、微博军事博主等。善于写原创知识文章的博主达到一定的用户流量标准后，@微博小秘书就会提醒他们去申请"微博自媒体"，申请审核通过后会加上"微

博头条文章作者"的标签。@粉丝服务平台、@微博问答、@微博自媒体等新浪官博会为加V的博主提供更多推送机会。当博主的用户流量达到更高的标准时，@微博小秘书就会提醒他们去申请"微博签约自媒体"，与新浪微博平台分享更多付费内容的收益。

2017年5月18日，@微博付费订阅发布了《微博付费订阅推荐资源位详解》，里面提到了很多付费内容的运营规则。比如，日榜和月榜的规则如下：

@微博付费订阅编辑会从所有的付费文章中，选取昨日订阅人次最多的前5名进行推荐，排名每日更新一次。博主只要提高单篇文章的订阅量，就有机会进入日榜，获得推荐位。

@微博付费订阅编辑会从所有的付费作者中，按作者上个月的发文量、付费人次、付费金额3个因子进行综合排名，前50名可进入月榜，排名每月更新一次。博主只要多发文，提高订阅量和订阅金额，就有机会获得推荐位。

新浪微博平台从2016年开始扶持各个垂直领域中的中小博主。中小博主的粉丝数和用户流量虽然不如人气大V博主，但是在自己擅长的领域有一定的原创能力。新浪微博高层希望在各个领域都扶持更多的人气大V，于是给这些中小博主认证加V，加大其原创内容的推送力度。

此外，新浪历史、军事类微博运营团队还在线下邀请这些中小博主聚会，为他们提供更多的资源和机遇。在可以预见的未来，新浪微博的垂直化运营会进一步打通线上线下，平台运营者将与各个垂直自媒体之间展开更为深入的合作。

随堂练习

请写下5个你最感兴趣的新浪微博头条文章作者,并挑选出他们最有代表性的原创文章。

微博头条文章作者名称	代表作

经验之谈

尽管不少O2O商家运营得不成功,但是线上线下一体化营销是互联网经济发展的重要方向。新媒体平台不等于淘宝、天猫的网店,它有着与生俱来的社交属性。想要把垂直社群拢在一起,就不能只是隔着电脑屏幕交流,组织线下活动也是加深社交联系的必要手段。垂直社群虽然通过网络进行联系,但是必须立足于现实才能建立稳固的社交联系。

3．趋势三：营造直击人心的共鸣体验

> 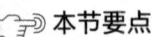**本节要点：**
> ◇情感营销为什么会成为新媒体宣传的利器？
> ◇如何让目标受众产生共鸣体验？

人们在社交媒体上很难完全做到理性思考，因为这里本来就是大众释放情绪的交流平台，所以，一个在生活中看起来很稳重的人，可能在微博或微信上呈现出飞扬洒脱的形象。社交媒体能让人们快速寻找到自己的同类，在小圈子里诉说和倾听同一种声音，抒发同样的情感。他们会分享生活中一切能刺激自己某种情绪的信息，让这份情绪像滚雪球一样变成该群体的共同心声。始于情绪，终于情感，满足需求，营销遂成。

对很多用户来说，新媒体平台是一个听故事的好地方，而不是一个广告发布平台。他们喜欢听别人的故事，感受芸芸众生的喜怒哀乐，渴望与无数素未谋面的陌生人产生共鸣，以驱散内心的孤独和焦虑。假如新媒体运营者巧妙地把营销信息包装成一个让大家感同身受的故事，用户就会冲着这份心灵上的满足放宽对产品或服务价格的要求，甚至通过狂热消费来表达感动之情。

参考案例

宝洁公司是情感营销的高手，擅长制作打动人心的广告短片。比如，在2016年的母亲节那天，宝洁推出了《把孩子扶起来》《最幸福的工作》等"感谢妈妈"系列短片。这一年恰逢里约奥运会，宝洁又推出了以"感谢母亲"与"奥运会"为主题的品牌全球宣传片——《故事》。

《故事》用2分钟讲述了4位不同性别、种族、肤色的青年运动员的故事，他们分别从事跳水、艺术体操、田径、沙滩排球等体育运动。这些青年运动员在成长过程中分别遭遇过战乱、车祸、电梯事故、飞机遇险等险情，还一度因为训练过于艰苦而动摇。但在每一个危急时刻，4位母亲都用平静而有力的话鼓励自己的孩子，给予他们战胜困难的勇气。

这则广告片以奥运会体育英雄的母亲为切入点，回忆了她们怎样保护孩子、教育孩子的故事，揭示了优秀母亲给儿女们带来了巨大的积极影响。虽然宣传片很短，但是宝洁产品的用户和其他看到这些短片的消费者对此印象深刻。在广告片的最后，宝洁公司写道："每一位强大的孩子背后，都有一位强大的母亲。感谢妈妈！"这句话高度升华了"为母亲喝彩"的主题。

宝洁微博运营团队还在网上发起了"做一件事感谢妈妈"的活动。这些直指人心的宣传手法唤起了广大用户心灵上的共鸣感，从而提高了对宝洁品牌的认同感。

随堂练习

请在互联网上找出5个口碑最好的情感营销案例，并分析这些案例在什么方面引发了大众的情感共鸣。

案例名称	情感主题及表现手法特点

经验之谈

　　情感营销的核心就是"煽情",利用人们的情感共鸣来刺激消费。但有些唯利是图的运营者会不择手段地煽动广大用户的负面情绪,让他们对某个人或某件事宣泄负面情绪。这种故意挑起争端的做法会让新媒体平台的流量大增,但随着卷入争论的人越来越多,事情可能会超出运营者的掌控。激发负面情绪见效快,但调动大众的正面情绪才能让品牌发展得更健康。

进阶篇

4. 趋势四：构建"想象的共同体"

> **本节要点：**
> ◇什么是"想象的共同体"？
> ◇新媒体运营者为什么要缔造"想象的共同体"？

你身边大概有不少朋友在感叹：社交媒体上的人越来越情绪化，在现实生活中不算大的分歧到了微博/微信朋友圈里都可能引发群体骂战。的确，这种现象在新媒体平台上越来越明显，但不必感到过于悲哀。任何潮流的出现都不是无缘无故的，社交媒体上的群体在分裂的同时也在重组，形成一个个"想象的共同体"。

"想象的共同体"指的是具有同样价值观、言行特征以及利益诉求的某个网络群体。耐人寻味的是，"想象的共同体"是靠文化认同形成的，成员的年龄、性别、学历、地域、收入水平、实际社会地位未必一致，而且彼此之间往往没有什么密切的经济联系。这点跟以经济利益为纽带的现实共同体大不相同。前文提到的垂直类新媒体平台，恰恰体现了人们追求"想象的共同体"的社会心理需求。

人们都在社交媒体上寻找认同感，以弥补对现实生活中缺少志同道合者的焦虑。大家会把平时隐藏的真实想法表达出来，迅速找到意气相投的其他人，然后集结成一个小圈子。在这个圈子中，新媒体用户们具有比较一致的价值观，文化认同促成了身份认同，让这个社群圈子内部的成员在言行举止和思想感情上越来越一致。一个"想象的共同体"就是这样逐步形成的。

"想象的共同体"在现实中可能没有太多实质性的联合行动，各个成员之间还保持着距离。但在互联网上，他们一呼百应，凝聚力非常强。强烈的身份认同感让这些人在关键时刻能保持一致对外的作风。"想象的共同体"中的意见领袖们认同某个品牌，其他成员也会形成相似的消费偏好，并且产生较高的品牌忠诚度。因为这有助于他们增强自己在共同体中的身份认同感和优越感——"我也是内部人士！"

因此，新媒体运营者应该充分利用这种群体心理，找准自己的细分目标市场，并打造一个能吸引粉丝的品牌文化。品牌文化是维系垂直社群可持续发展的纽带，也是塑造"想象的共同体"的核心要素。如果运营者能把自己的粉丝凝聚成一个"想象的共同体"，新媒体营销就将进入更高的境界。

随堂练习

请在互联网上找出5个"想象的共同体"（类似"平权主义者""中产者""凤凰男"等群体），并分析这些"想象的共同体"中的成员有哪些共同特征。

想象的共同体	情感主题及表现手法特点

续表

想象的共同体	情感主题及表现手法特点

经验之谈

　　如今的新媒体舆论氛围越来越情绪化，每一个争论点都会演变为群体撕裂。亿万用户在不断分裂成一个个文化价值观迥异的小圈子。换言之，用户的分化组合是一个构建"想象的共同体"的过程。"95后""00后"一代的年轻用户更依赖互联网生活，也更重视圈子的归属感。谁能帮他们完成这个"想象的共同体"，谁就能赢得他们的支持。

5. 延伸阅读：薛之谦为腾讯动漫APP做的代言H5广告

2016年11月25日，歌手兼音乐制作人薛之谦代言腾讯动漫APP的H5广告突然在朋友圈里疯传。腾讯动漫这款H5广告把真人、漫画和视频巧妙穿插在一起，让薛之谦看起来就像是一个诙谐幽默的动漫角色，在画面中一点都不突兀。当你点击进入广告页面时，最先出现的是模拟的薛之谦微博界面，文字和配图兼备（见下图）。

薛之谦在视频一开场就曝光自己代言腾讯动漫的3个理由:

"理由一:可以肆无忌惮、丧心病狂、人神共愤、分文不付地喝妹子的果汁。

"理由二:终于可以把再过一千年都拿不出手的蹩脚球技明目张胆地秀给吃瓜群众看了。

"理由三:不是吧!又给自己打歌?我家村里的理发店从去年过年开始就单曲循环这首歌了呀喂。"

当然,这些都是腾讯动漫针对目标受众——二次元用户群体精心设计的台词。薛之谦在说这些台词时不断地耍宝耍帅,充满了动漫界常见的无厘头搞笑特色,一下子就吸引住了腾讯动漫的用户。这些奇妙的画面感是通过CreateJS + iScroll + Video视频的技术组合实现的。

在这则H5广告的最后一页,用户可以点击"下载腾讯动漫"跳转至App Store(见下图)。

腾讯动漫这则H5广告走红主要有3个原因。

首先，选对了代言人。薛之谦自嘲是"一个二线段子手，四线歌手，十八线演员"。他是货真价实的美术专业科班生，却没有投身动漫行业，而是做了歌手。薛之谦的音乐事业大起大落，于是他又做了专业段子手。结果，粉丝们对他的段子比新歌更感兴趣。腾讯动漫针对薛之谦的特点，用《薛之谦2个月没写微博段子，结果憋了个大招……》做H5广告的标题，果然吸引了很多人去点击阅读。

其次，看准了发布时机。腾讯用大数据技术分析出晚上9点至10点是用户在一天中使用移动互联网设备的最高峰。这则H5广告是在晚上9点半上线的，朋友圈的转发狂潮则是从大约9点45分开始。推广效果达到了最佳水平。

最后，用对了表现形式。H5广告的脚本、台词、服装与表演风格都与薛之谦的段子手人设浑然一体。常规的H5广告采用的主要是视频形式。腾讯动漫则发挥自己的二次元文化功底，为薛之谦的H5广告配上了大量动画特效，并与腾讯旗下多个签约产品的角色同框出镜，这给观众带来更多更有趣的感官刺激与更广阔的想象空间。

这次合作成功后，腾讯动漫又乘胜追击，推出了真人与漫画相结合的《炸裂炒饭篇》《球王再临篇》《踢爆单身篇》等创意广告，用"你的生活其实就像一部漫画"的理念打动了广大动漫爱好者。

后记
POSTSCRIPT

移动互联网时代的新媒体火爆异常。数百万粉丝的关注，上亿的点击量，传播影响力可谓惊人。然而对比一下我国的总人口数，我们就会意识到这种火爆其实只是少数人的狂欢。但是换个角度来想，这也恰恰说明新媒体有很大的发展潜力。

信息时代的号角在20世纪90年代就已经吹响，但那时候的未来学家们并不能预见到今天移动互联网浪潮的盛况。事实上，我们现在连明年、后年的新媒体会变成啥样，也只有一个大致的判断。这个时代的更新迭代速度实在太快，几年前那些带着"互联网思维"光环的品牌，有不少已经沦为失败的案例了。这让我们在寻找案例时总是战战兢兢，生怕遭遇令人尴尬的"反转"剧情。

新媒体能让人在最短的时间内得到大量的新消息，但我们的视野并不一定会因此变得更加开阔，更多时候反而是变窄了。如果不信，你可以看看你的微博、微信。关注的人群和订阅号都是根据自己的口味挑选的，也就是说，你已经把自己的信息来源和关注范围锁定在了一个精确的小圈子里。在这个小圈子内，你无所不知。除此之外，你闻所未闻。

假如你首页上的关注对象对某个热点新闻不感兴趣，而你恰好也没有下载报刊媒体的客户端，就会对该热点一无所知，仿佛它从来没在世界上出现过。从客观效果来看，你被屏蔽了。但你可以找到这些信息，只不过由于注意力不在那边而懒得关注，大脑下意识地过滤掉了它们。

过量的信息与有限的注意力之间的矛盾不可调和，于是我们会不断缩小自己关注的领域，以确保头脑不因信息过载而"死机"。久而久之，亿万网民就会变得只关注自己感兴趣的信息，分化成无数个拥有共同爱好的小圈子。大数据技术又会统计出各个用户平时浏览最多的信息，然后让新媒体平台精准地推送他们最关注的内容。

最终，人们的关注面越来越集中，也越来越希望获取细分领域下的精品内容。每个新媒体平台都会跟数量惊人的其他新媒体平台对冲抵消，彼此的影响力很难扩散到全体大众。但每个新媒体运营者都能对自己的垂直社群最大限度地输出影响力，深度整合资源，变现更多价值。专业化的精耕细作，迟早会淘汰一切哗众取宠的花招。于是，你将慢慢学会忘掉其他无关信息，每天只是透过那几个信息渠道来认识世界。

不过，我们不必为自己无法阅尽天下事而沮丧，也无须为大量信息得不到有效传播而悲哀。世界那么大，网民那么多，在新媒体的推动下，每一类信息都会被对它们感兴趣的人群看到。而你只要盯住对自己生活最重要的东西就够了。反正你到时候肯定会主动屏蔽一些自己原先关注的新媒体，只保留心中所爱，省下更多精力去做喜欢的事。